「部下が、何度言っても、動いてくれない」
「相談に来た部下に親身にアドバイスしたのに、実行されない」
「成功事例を一緒に作ってあげたのに、それが次に活かされない」
「AくんとBさん、それぞれが相談・クレームしてくることが違う」
「徹夜で練った戦略を発表したら、部下が白けムード……」
「部下はさっさと帰宅するのに、上司の自分の仕事が終わらない……」

〝割食う上司〟にならないために、
ずるいマネジメントを実行しましょう！

はじめに

この本は、部下には決して読ませないでください！
（部下のあなたは、決して本書を読まないでください！）

本書は、上司・リーダーであるあなたのために、一貫して〝あなた側〟の立場・目線から書かれています。

部下の方が本書を読まれた場合、上司の都合に眉をひそめる人がいるかもしれませんし、上司が部下を〝都合よく〟動かそうとするテクニックがネタバレする恐れが多くあります。

本書の効果を最大限に享受していただくためには、この本を決して部下の目に触れる場所では読まず、読後も表紙・タイトルが部下の目に触れないよう、隠していただくことをお勧めします（しかも、強く！）。

この本で提案するのは、

・「いいひとマネジメント」から「ずるいマネジメント」への転換

・「いいひと上司」から「ずるい上司」への転換

・〝自分が頑張らない〟ことを頑張る

というようなもので、従来の概念とは一見逆に見えるようなことが多く登場すると思います。

これらは決して、奇をてらったものではありません。あなたが上司・リーダーとしてさらによりよくチームを率い、成功するための方法論であることを、読み進めるうちに徐々に理解していただけることと思います。

私は現在、株式会社 経営者JPという経営層・リーダー層に特化した人材コンサルティング会社を経営しています。当社では経営人材の採用支援・転職支援、経営組織コンサルティング、経営人材育成プログラムや経営者・リーダーのための各種コミュニティ活動・情報提供を行なっており、私自身、経営者の人材・組織戦略顧問を務めながら、これまでに8000名超の経営者・リーダーの方々とお会いしてまいりました。

その中で、「頑張っているのに、笛吹けど踊らずで、業績がなかなか上がらなくて。どうしたらいいのでしょう?」「裏でいろいろとケア、サポートしているのに、部下はそんな自分の苦労を露知らず。気楽なもんです」などといったお悩みを日々、伺い続けてきました。

今回、そんな上司・リーダーの皆様の日々のマネジメントの一助となればと、本書を書きました。

繰り返しになりますが、**本書は、上司・リーダーであるあなたのために、一貫して〝あなた側〟の立場・目線から書かれています(部下の方は、決して本書を読まないでください!)**。

上司として、どう動けば、チームがうまく回り、成功し、自分もよいコンディションで働けるのか。

さあ、一緒に見てまいりましょう!

２０１５年３月　　株式会社 経営者ＪＰ　代表取締役社長・ＣＥＯ　井上　和幸

Chapter
3
実践！ ずるいマネジメント
「部下を動かす」編

ずるいマネジメント
Contents

Chapter
4
実践！　ずるいマネジメント
「チームマネジメント」編

Chapter
5
「困った部下」との付き合い方
ずるいマネジメントの使い分け

Chapter
6
アドラーに学ぶ
忙しさで消耗しないための心の整理術

Chapter 7

ずるいリーダーシップとは

「日々の業務に流されたくない」リーダーのための６つのヒント

Final Chapter

〝本当にずるい上司〟にはなってはいけない

Chapter

1

ずるいマネジメントのお膳立て

Technique

いいひと、で疲れてませんか？

なんであの人は早く帰れて、しかもチームで成果を上げているのか？

プレイングマネジャーが増え、自分の仕事とチームのマネジメントの両方をこなさないといけなくなっている人が大半となっています。

２０１３年産業能率大学の調査では、上場企業を中心とする調査対象の99・２％の課長が、なんとプレイングマネジャーとのこと。現場仕事はそのまま抱え、さらに部下のマネジメントもやらなければならない。大変です。

部下を持つことで、これまですべて自分でやらなければならなかった仕事の一部（あるいは全部？）を、これからは部下がやってくれるようになる。マネジメント業務が増えるけれども、自分の仕事の負担は減る。そんなメリットを期待したいところですが、いやはや、現実は逆のケースが多いのが現実ですね。

実際のところは、マネジャーの一番の悩みは「部下がなかなか育たない」ということ（同調査で40%）で、負担軽減どころか、自分の業績を上げながら育成・戦力化のために手間暇もかけなければならないという二重苦に。

皆さんの、「なかなか思うように動いてくれない」「何度言ってもわかってくれない」といった悩み、心の叫びが聞こえてくるようです。


しかし、そんな状況ではあっても、皆さんはマネジャーとしてのプライドがあり、会社からの評価も気になるところであって、表向き、「楽勝だよ」「任せてください！」と明るく振る舞われていらっしゃることと思います。

部下の尻拭いで、内心憤懣やるかたなくとも、「わかった、わかった。俺が仕上げておいてやるよ」と仕事を巻き取ってあげたり、やる気の低い部下のために、自分が獲得してきた案件を付け替えてあげたりしているかもしれません。

頑張れば頑張るほど、体も気持ちもボロボロ。下手をすると、ある日突然、過労で倒れるなんてことにまで……。

ここには落とし穴があって、こうした**「頑張っている自分」**の状態によって**「自己重要感」（自分の存在が、その組織・場においてなくてはならないかけがえのないものである、ということを感じる満足状態）を満たしていることが多い**のです。

そこで、「いいひとマネジメント」から「ずるいマネジメント」への転換の第1歩としての提案です。

その、いまのあなたの「自己重要感」を、まずは、少し変化させてみましょう。

上司のあなたの存在はもちろん欠かせませんが、そんなあなたがやるべき仕事は、「部下にはまだ任せられない現場仕事」でしょうか？

そうではなく、部下がやるべき仕事、部下ができる（できるようになってもらわなければ困る）仕事は、ガンガン振ってしまって、上司のあなたはもっと上の仕事、もっと戦略的なことやクリエイティブな仕事をやりましょう。

そうでなければ、あなたの仕事に対するワクワク度合いも年々減っていくばかりですし、会社にとってもあなたを上司に任命し、高い給与（え？　安月給だと。しかし、少なくとも御社の中では、部下よりも高給取りですよね）を払っている意味がありません。

さらにいえば、**いまの仕事にまみれている人が、明日の、さらに上の仕事を任されることはないのです**。常に、上を目指した仕事を手がけている人に、いまより上の仕事やポジションが任されるのです。

つまり、満たすべき自己重要感は、「いま自分が頑張らないと組織が回らない状態」ではなく、「さらに大きな、ひとつふたつ上の仕事を自分に任せてもらえば、この組織・事業・会社はもっとよくなる！（ハズ）」ということに対してなのです。

これが、「いいひと上司」と「ずるい上司」の意識・目線の差なのです。

そのためには、「〝自分が頑張らない〟ことを頑張る」ことも非常に重要です。内心、「ああ、何やってるんだ」「そこ、こうすれば早いのに！」などといったシチュエーションに出くわすと、これまでなら、「ほらほら、ちょっと俺にやらせてみろ！」とやっていたのを、ぐっとこらえて見過ごすようなことも、ときに、必要となります。

この「〝自分が頑張らない〟ことを頑張る」についても、次章以降で随所で登場しますので、ぜひ実践例から学んでいただければと思います。

Technique

もう少し自由勝手にやっていい

私たちの時間は有限です。

持ち駒である時間を、どう配分し使うか。その力量が、私たちには日々問われているわけです。

私は経営者JPという会社で、経営者・経営幹部の方々の執行アドバイスや経営陣・幹部陣の最適配置、外部からの招聘、内部育成・選抜登用などの支援を行なっています。

そこでよく、「社長・経営幹部の仕事は何ですか」と尋ねられますが、私の答えは次の通り、3つの仕事をいつも挙げています。

1　事業の目標を決め、方向づけをする

2　資源調達と分配を行なう

3　実行の動機づけと進行管理を行なう

この3つが、社長・幹部（役員・部課長）が行なうべき仕事ですが、今回、私たちが「いいひとマネジメント」から「ずるいマネジメント」への転換を図る上でも、まさにこの3つの仕事を土台として組み立てていくことが有効です。

自分が任されたチームの目標は何なのか。そのための短期・中期（・長期）の取り組み方針、方向性を明確にし、メンバー全員でシェアする。

その方針・方向性に基づいて、メンバーの分担を決める。あるいは必要なメンバーを追加したり入れ替えたりする。

達成に向けて、動機づけに気を配り、進行状況を管理しシェアする。

この全体プロセス設計のもと、肝となるのが、**「リーダーが本当にやるべきことに集中するために、正しくズルをする」方法を組み入れる**ことです。

事業や組織の長であるあなた。あるいはプレイングマネジャーとはいえ、もしくは流動的・期間限定的なプロジェクトのリーダーであったとしても、要するに、「チーム全体」での目標・収益を達成することが、リーダーとしてのあなたに託されたミッションなのです。ですから、その最終目標の達成をぶらさず起点として、少し大胆に、チーム内の役割分担を組み立て直してみてはいかがでしょうか？

その上で、チーム責任者であるあなたの〝都合のよいように〟、ずるくマネジメントする術《すべ》を駆使し、あなたのいま&未来のために、オイシい仕事に専念しようではありませんか！

＊　＊　＊

本書では、

・「いいひとマネジメント」
上司・リーダーである自分が、部下や周囲の人たちの尻拭いばかりに振り回され、チームとしての成功もおぼつかない、また、目の前の仕事で精一杯のため自分自身

の仕事力や役割をＵＰさせる機会など到底得られようもないマネジメント状況

・「ずるいマネジメント」
上司・リーダーである自分以上に、部下や周囲の人たちが頑張って働いてくれる、うまく動いてくれることで、チームとしての成功を効果的に導き、自分自身の仕事力や役割もＵＰさせるマネジメント法

と定義します。

では、そんな「ずるいマネジメント」の実践方法を、これからいろいろと見ていきましょう。


と、その前に、実践方法がうまくいくための論拠ともなる「ずるいマネジメントの原理」について、先に学びましょうか。

背景となる理論は効果性が確認されているリーダーシップ関連のフレームを私なりに噛み砕いて理解しやすく説明したものですが、「堅苦しい話はめんどくさいなぁ」という方は、先にＣｈａｐｔｅｒ３以降をお読みいただいても構いません。

ただし、原理を押さえていただくことで、それがどう展開されて実践につながるかがよく理解いただけると思いますので、よろしければ、ぜひ、まずはこのままChapter2へと読み進めてみてくださいね。

では！

ずるい!!→
すごいなー
みんな!!
(僕は何もしてないけど)
できました!
できました!

Chapter

2

ずるいマネジメントとは何か

自分以上に部下が働いてくれる「原理原則」

Technique 1

自動的に動くチームを作る
他者を動かして物事をなしとげる〝チーミングの妙〟

想像してみてください。

あなたの目の前には、活発に意見交換しながらアクティブに働くメンバーたちが、目を輝かせながら、楽しそうにそれぞれのプロジェクトについての準備打ち合わせや顧客攻略法について、意見を飛び交わせながらディスカッションをしています。

そのうちの1人のメンバーが、あなたのほうを向き、「◯◯さんは、この件、どう思われますか?」と聞きます。あなたは、その案件についての過去の経験や成功体験、今回のクライアントの要望などを頭の中で瞬時に巡らせ、パズルを組み立て、「そうだな、今回は×××でいくといいと思うぞ。なぜならば……」とサゼスチョンを行ないます。相談したメンバーは、「おお!　確かにそうですね、さすが◎◎マネジャー!　ご教示いただいた通りに早速進めてみます」。

周囲のメンバーたちもこのやりとりを見ていく、あなたに頼もしそうな視線を向けてきます。

さらにフロアの各所でメンバーたちのやりとり、クライアントへの外部連絡や電話でのやりとりなどが活発に続き、あなたがあれこれと言わずとも、部下たちは勝手にグイグイと各自のプロジェクトや業務を進めていきます。平時に上司のあなたが、特段何か口を挟む必要や出番はありません。

職場のポジティブな熱を感じて、あなたは上司冥利に尽きるなぁ、と、仕事の幸せをかみしめます……。

こんな職場のシーン、1つの理想形ではないでしょうか。

あなたの職場の目の前の風景は、いかがでしょうか？

そもそも、マネジャーの仕事とは何でしょう？　古今東西、様々な定義がありますが、私なりに最もしっくりときている定義は、

「他者を動かすことを通じて、物事をなしとげる人」

です。

部下、あるいは上司、同僚、外部パートナー、経営陣までを動かし、目的とする事業活動をなしとげるべく仕事を進める。これが「上司」＝マネジャーの仕事です。

そこには必ず「チーム」が存在しています（ここでいう「チーム」とは、必ずしもあなたの直接の管理配下にある担当組織のみを指すだけでなく、外部のスタッフを含めたプロジェクトであったり、ときにはさらに大きな事業全体のバリューチェーンを指すこともあります。ただ、本書ではほとんどの場合、あなたが直接的にマネジメントしている担当組織を指すこととします）。

「チームを動かして、物事をなしとげる人」が、マネジャーであると言い換えてもよいでしょう。

ハーバード・ビジネススクール教授で、ＭＢＡやエグゼクティブ教育プログラムでリーダーシップの教鞭をとられているエイミー・Ｃ・エドモンドソン氏の著書に、「TEAMING ― How Organizations Learn, Innovate, and Compete in the Knowledge Economy」（邦訳『チームが機能するとはどういうことか 「学習力」と「実行力」を高める実践アプローチ』英治出版）という名著があります。原書のタイトルとなっている「チーミング」とは、「協働する」という活動状態を表わす造語で、チームが相互に絡み合った仕事を遂行するためのダイナミックかつ活動的なプロセスを指しています。

エドモンドソン教授には遥か足元にも及びませんが、私もこの「チーミング」というアプローチには大変惹かれます。本書で学び、また、私の人材コンサルティング事業および自らの組織体験を概括すると、およそ、次のようなチーム状態ができあがっているときに、その組織は大いなる成果を上げるといえるでしょう。

- 大前提として、事業活動に関する情報がチームメンバー全員に公開・共有され、いつでも誰でもその情報にアクセスし確認できる（「オープンブック・マネジメント」）
- まず何よりも上司である自分が楽しく働いている。メンバーにとっての働き方の模範となっている
- 目的・目標が共有されており、それが情熱を掻《か》き立てるものとして定義されている。その目的・目標が、メンバー共通のビジョンを呼び起こしている
- チームの位置づけが明確に定義されており、チーム内の役割が明確化されている
- 心理的安全な場となっている。構成メンバー全員が、日々、安心して働ける心理状

態が担保されている（雇用リスクがない、あるいは少ない。構成員から自分が仲間の一員として認識されている）
・プロセスに挑戦することが奨励されている。メンバーを行動に駆り立てるムードや仕組みがある。トライ＆エラーを高速回転させ続ける場となっている。「上手に失敗して、早く成功する」風土が形成されている
・ディスカッションが常に促され、学んだ成功体験・法則がナレッジ化される仕組みが構築されている。心から励まし合うカルチャーが醸成されている
・個々が個を活かし、役割を果たし、チームの目標を達成するという姿勢・価値観が強固である
・学ばない人、動かない人が排除される風土が確立されている

このようなチームが形成されれば鬼に金棒です。

もちろん、いきなりこれらをすべて満たすチームを作り上げることはたやすいことではありません。しかし、案ずるより産むがやすし！　少しだけ、これまでと視点や行動を変え、肩の力を抜いて、「ずるいマネジメント」を実行すれば、こうしたチームをあなたの目の前に作り出すことは、可能なのです。

Technique

部下を動かすための2つの人物タイプ

ずるいマネジメントには、部下の人物タイプをおさえることも、原理としては欠かせません。

心理学などでは、人物タイプの分け方について百花繚乱、様々なタイプ分類が存在しています。4タイプ、6タイプ、9タイプ、12タイプ、数十タイプ、下手をすると数百タイプにまで分けられるものもあり、とても覚えきれません。

でも、大丈夫です。

皆さんには、次の2タイプだけを把握しておいていただければ、まったく問題ありません。およそすべてのマネジメント状況に対して適用可能です。

それは、

「関係動機型」と、「課題動機型」

です。

「関係動機型タイプ」は、人間関係を重視し選択・行動する傾向が強く、指示された内容よりも、「誰のためにやるのか?」ということを優先します。信頼関係や仲間を最も重視することから、他の人から嫌われることがタブーであり、それがゆえに、仕事の進め方について慎重になるきらいもあります。

一般的に〝いいひと〟〝気配り派〟に見える人が、このタイプですね。

一方、「課題動機型タイプ」は、課題そのものが行動の選択原理となり、その達成に向けて行動を起こします。実力・実績重視であり、そのためパフォーマンスを重んじ、自分のペースを乱されることがタブーとなります。

〝ドライな人〟〝一匹狼〟に見える人が、このタイプであるケースが多いです。

上司であるあなた自身は、どちらのタイプでしょう?

また、あなたの部下たちは、それぞれ、どのタイプでしょうか。

図表 2-1　関係動機型と課題動機型

関係動機型　人間関係を重視し行動する

- 信頼関係を重視
- 嫌われることがタブー
- “どのように進めて欲しいか”を言ってほしい

課題動機型　課題そのものが行動の原理

- 実力･実績を重視
- パフォーマンスを重んじる
- 仕事の進め方にとやかく言ってほしくない

関係動機型タイプは、仕事の進め方については依頼者の具体的な指示を求める傾向が強いです。部下がこのタイプの場合は、上司であるあなたは、まず最初に「どのように進めてほしいか」について詳しくガイダンスを行なうことが望ましいでしょう。

対して、課題動機型タイプは、テーマ・課題・ゴールについて指示を受けたら、そのプロセスについてはあまり細かいことをとやかく言われることを望みません。このタイプの部下を持っていたら、上司のあなたが具体的なところに口を出すと、彼・彼女はそれを内心、疎ましく思うことが少なくないので、「任せたよ」と投げるのが好ましいでしょう。

上司のあなたの指示やコミュニケーションのスタイルは、同じものであっても、この2タイプにとってはそれぞれ、まったく異なる受けとられ方や反応となる可能性が高い、ということを、まず、ここではインプットしていただければと思います。

ちなみに、上司をこの2タイプで見ると、「関係動機型タイプ」の上司は、比較的巡行モードで和気あいあいとやることが求められる組織状態に強く、トラブルが多い状況や企業再建段階などには弱いという傾向があります。

一方、「課題動機型タイプ」の上司は逆に、急場をしのがなければならないような状況やターンアラウンド・フェーズに滅法強く、血沸き肉躍って仕事に邁進しますが、テーマ性の薄い、組織状態の良好な職場がとても苦手、という傾向が強いのです。

面白いですね。

人間関係重視肌か、仕事・課題重視肌か。

部下マネジメントの方向づけや場面場面でのアクション選択の際にも、自分自身のマネジメントスタイル確認においても、なかなかパワフルに使えるタイプ類型ですので、ぜひ覚えておき、活用してみてください。

Technique

部下との対話では、この1つの態度に徹せよ

私たちは日頃、様々な態度で部下との対話を行なっていますよね。

あなたは部下からの相談があった際に、どのような聴き方と話し方をしているでしょうか？

私たちが部下との対話においてとる態度は、突きつめると次の5つの対話パターンに集約されます。

「診断的態度」：「どうして？」など、理由や原因を追及する聴き方

「評価的態度」：部下の発言に、良い・悪いと評価を加える聴き方

「解釈的態度」：部下の相談に、「それは○○なんじゃないか」などの自己解釈を加えて返答する聴き方

「支持的態度」：「そうそう、わかる、わかる」と同調する聴き方

「理解的態度」：部下の悩みや発言に、「理解」と「共感」を寄せる聴き方。「きみの言っていることはこういうことなんだね。言いたいことを理解したよ」と表明する聴き方

結論からいいますと、ずるいマネジメントで、基本的に部下との対話で使うパターンは「理解的態度」のみ、です。

一般的に私たちは、「どうして？」（「診断的態度」）「それはダメなんじゃないか」（「評価的態度」）「それって、××だな」（「解釈的態度」）……と、この3つの聴き方を繰り返しながら話しがちです。しかし、これらはいずれも指示的なものであり、部下の自発・自律を損ねる聴き方・話し方なのです。

「そうそう、わかる、わかる」（「支持的態度」）と聴くのは、一見、よさそうですよね？なぜこれはダメなのでしょうか。

「同調」する聴き方は、一時的には効果的ですが、本人の依存性を強める副作用があるのです。結局、受け止めているようでいて、これもまた、先の3つと同じく「同意」という上司のあなたの主張を与えているわけです。常に同意ならよいのかもしれませんが、別の機会に、もしあなたが同意できなかった場合、それが逆に裏切られたという部下の理解（誤解）につながってしまいます。

まず「理解的態度」で相手への理解と共感を寄せる。ポイントは、**「きみの意見に同意であれ、同意せずであれ、僕はきみの意見や発言についてしっかり理解したし、尊重しているよ」**ということを（心の底から）表明することです。

その上で、対策を講じる必要があるときなどには、他の対話パターンをミックスさせていく、という順序立てでコミュニケートするよう努めてください。

Technique

部下が勝手に動きたくなる状態を作る「内発的動機理論」

「ずるいマネジメント」では、部下たちが、勝手にワクワク働いてくれる状態を作り出すことを、あの手この手で狙います。

その原理原則となるのが、**「内発的動機理論」**です。

心理学者のE・L・デシは、仕事そのものによる動機づけを**「内発的動機づけ」**と呼び、同じく心理学者のM・チクセントミハイはそれがもたらす感覚を**「フロー体験」**と名づけました。「内発的動機づけ」に対するものは「外発的動機づけ」で、こちらはいわゆる〝アメとムチ〟ですね、外から与えられる動機づけ（cx金銭、賞罰など）です。

デシの理論によれば、人は**「有能さ」**と**「自己決定の感覚」**の2つの要因を感じながら活動できるとき（これを「内発的に動機づけられた行動をしている」といいます）、さらなる有能さと自己決定の感覚を求めて意欲を燃やし、努力して活動していくのです。

また、チクセントミハイによれば、「正さねばならない無秩序や防ぐべき自己への脅迫もないので、注意が自由に個人の目標達成のために投射されている状態である」(『フロー体験　喜びの現象学』世界思想社)ことがフロー体験であると説明しています。人は、強要されたり金銭で釣られたりすることよりも、心理的に自由な状態におかれたときにこそ仕事に没入し、結果、驚くようなよい業績を上げるのです。

似た理論に、**「動機づけ・衛生理論」**があります。これはハーズバーグとピッツバーグ心理学研究所の分析結果から導き出されたもので、約200人のエンジニアと経理担当事務員に対して「仕事上どんなことを不幸と感じ、また不満に思ったか」「どんなことによって幸福や満足を感じたか」という質問を行ないました。

結果、人の欲求には2つの種類があって、それぞれ人の行動に異なった作用を及ぼすことがわかっています。人が仕事に不満を感じるときは、その人の関心は自分たちの「作業環境」に向いているのに対して、人が仕事に満足を感じるときは、その人の関心は「仕事そのもの」に関連しているということです。ハーズバーグは前者を「衛生要因」、後者を「動機づけ要因」と名づけました。

「衛生要因」を改善することは不満の解消にはなりますが、プラスの動機づけにはならず、やりがいを得るには「動機づけ要因」を満たす必要があるのです。
ちなみに、「衛生要因（環境要因）」には、

・政策および管理の施策
・監督のあり方
・作業条件
・対人関係
・金銭・身分・安全

などが挙げられ、対しての「動機づけ要因（意欲要因）」には、

・達成そのもの
・達成を認められること
・チャレンジングな仕事
・責任の増大
・向上と成長

などが挙げられます。

私の出身であるリクルートでは、**「仕事の報酬は仕事」**と言われており、実際、よい仕事をした人がさらに重要な役割や案件を得ることができるという風土や仕組みがありまし

た。これはまさに、内発的動機づけを活用したものだといえます。

「ずるいマネジメント」で、部下たちが、勝手にワクワク働いてくれる状態を作り出すために、この内発的動機づけを徹底的に活用していくこととなりますので、これもぜひここでしっかりおさえておいてください。

やりがいのある仕事の目標や夢、しかもそれは、永続的に追い求められるものがよい。人は刺激に対して不感症になる習性があります。最初は1や2の刺激が強く感じられたものが、徐々に慣れてくると10、20の刺激を受けないと感じなくなってくるのです。これをうまく利用しているのが「ドラクエ」「FF（ファイナル・ファンタジー）」などのロールプレイングゲームです。最初は1～3くらいのHP（ヒットポイント）で倒せたスライムが、ゲームが進むにつれて数十、数百、数千のHPがないと倒せなくなるように仕組まれており、ゲーマーの刺激をエンディングまで極大化させ飽きさせないようになっています。

ひと山越える手前で、次のさらに高い山を与える。青天井の夢やゴールを提供する。**ワクワク感にあふれた、やりがいのある職場、フローがそこここで起きているチームには、「決してたどり着かないゴール」が必要**なのです。

Technique

できない人をなくす仕組み
可視化、レコーディング、プロセスへのアプローチ

組織を活性化し、メンバー個々人が自発的に動いている。総じての活動状況は悪くなく前向きな状態になっているのに、残念ながら「できない人」「業績が上がらない人」はチームの中に一部出現するでしょう。

業績が低い人は、大概、セルフモニタリング能力が低く、状況の事実を明確に把握し、更新することが苦手です。ここにも打ち手が必要です。

できる人は、自ら業務設計し、仮説を立て、実行・検証を繰り返し、出てきた課題に対しては自分で調べたり情報収集したり、上司であるあなたに相談や質問に来るでしょう。**「できない人」の共通項の1つは、上司のあなたに質問や相談をする頻度が、できる人に比べて圧倒的に少ないorまったくないこと**です。

しかし、「普通〜できない人」のためには、これらを仕組み化する必要があります。

それが、**「可視化」「レコーディング」「プロセスへのアプローチ」**です。

昨今は、ＫＰＩ（Key Performance Indicator：重要業績評価指標、目標の達成度合いを測る定量的な指標）マネジメントはかなり浸透していると思いますので、皆さんの会社・部署でも、自社・自事業なりのＫＰＩを設定し、その計測をされていると思います。

そして、そのＫＰＩの数値自体も考課・給与査定に入れていらっしゃるかもしれません。

各論は、これも次章以降で後述いたしますが、ぜひご確認いただきたいことは、

「業務全体のプロセスや数値を可視化しているか」

「メンバー自身が、自分のKPIを自ら記録しているか」

「上司のあなたは、結果ではなく、先行プロセスに対してのチェックとアラート、アプローチを行なっているか」

の3点です。

つまり、

・チームとして「全体が見えること（可視化）」

・メンバー自身が、自分でゲームの盤面を動かしているか（レコーディング）

・上司のあなたは、テコの部分をしっかり動かしているか（プロセスへのアプローチ）

ということです。

およそこの3つが揃って業務が推進されていれば、土台としては手堅く、「蓋を開けてびっくり」というようなことを発生させずにすみます。さらに、メンバーのトライ＆エラーと学習も促されつつ、走りながら改善・改革していくことができるチーム運営が実現します。

ここまでの内容を次《ジ》ページ《ペー》図表2－2にまとめます。

さあ、ゲームの準備は整いました！

では、いよいよ次章より、いざ、皆さんが実際に直面していらっしゃるであろうケースを俎上《そじょう》にのせて、「ずるいマネジメント」の実際を見てまいりましょう。

図表 2-2　ずるいマネジメントと、それを実現する原理

部下のタイプをおさえる(2つだけ)

「関係重視型」「課題動機型」

コミュニケーションをとるときは「理解的態度」のみ使う

部下の悩みや発言に「理解」と「共感」を寄せる

部下が勝手にワクワク働く状態を作る

「内発的動機理論」
(デシの「内発的動機づけ」、チクセントミハイの「フロー体験」)

できない人のために仕組化する

可視化、レコーディング、プロセスへのアプローチ

Chapter

3

実践！　ずるいマネジメント

「部下を動かす」編

Situation

〈何度言っても、部下が動いてくれない〉

「説明」なんかしなくていい。「質問」しておけば部下は勝手に動く

「おまえ、あの例の提案の件、準備できたか？　いついつまでに、あれをこうして、こうやって、で、完成するように頼むぞ！」

「あ、はい、すみません。わかりました。やっておきます」

そして、数日後。まだ資料は出てきません。

「そういえば、あれ、どうした？」

「すみません、すぐ、やります」

「おいおい、先日教えたじゃないか、あれをこうして、こうやって、いついつまでにやらないとクライアントからクレームが来るぞ！」

さらに数日後。

「おい、例の件……」

「あ、すみません。これからやります」

「……」

できない人や動きが遅い人がチームにいると、上司のあなたがやり方までいちいち指示することが多いと思います。

それでも、このような様……。さて、こんなとき、あなたはどうしていますか？

「ざけんな、あれだけやり方を何度も説明してやって、自分でもやりますって2週間前に言っただろうが💢」

と、ブチキレたいところを（即、キレる方もいらっしゃるかもしれませんが……）、ここはぐっとこらえて、「いいか、しょうがないな、いまから間に合わせるには、こうして、こうして、こうしないとだな。以下、同様にやってみろ」と、またまた懇切丁寧に説明をし、同じように仕事をさせる。

どこまで教えたらこの部下はきちんと仕事をしてくれるんだろう、とため息をつきたくなります。

「いいひと上司」から「ずるい上司」へと変貌しようとしているあなたは、こんなとき、今後は、いちいち手を貸すことをきっぱりと辞めましょう！

人が動きたくなるのは、「言われたから」ではない

こういうときの部下の心理としては、次の２つのパターンがあります。

①プレッシャーを感じ縮こまってしまう……気持ちはあるけれど、体が動かず、いわゆる金縛り状態になっているのです。

②とにかく反発する……意識的にか、無意識的にか、人は「やれ」と言われたことには概ね心理的に反発します。上から命令されることを嫌がり、下手をすると、上司がどんなに説明をしたとしても、「そのやり方は違うんじゃないの？」と内心思っています。

上司としては、部下を一歩でも前に進ませてあげたいとの親心から、やり方まで教えて、なんとか早く資料を作らせたり、営業をサポートしたりと、わざわざやっているわけです。でも、それが仇《あだ》になっているのです。せっかくあれこれ説明してあげているのに、上司からすれば、「なんだよ、こんなに手をかけているのに」と思いますよね。

説明・説得より「質問」

では、どうしたらよいのか。

説明なんかせずに、まずは「質問」を投げかけること。あなたが質問を適切に投げかけることで、部下が勝手に動くように仕向けることができます。

コツは、部下自身が主体的にやりたくなるように質問を投げかけることです。

ポイントは相手に考えさせることです。

「いついつまでにやらないとダメじゃないか」

ではなく、

「これを完成させるには、どうしたらよいかな？」

「この件を成功させるには、何が必要だろうか？」

と質問をすることで、部下は、

「これについては、こうして進めたほうがいいと思います」

「今月中に受注するには、いついつまでに見積もりを提出しなければならないので、今週中にこういう風に提案をつめます」

と、自分で考えて前向きな行動プランを言わざるをえないわけです。

押しつけられると人は嫌がります。

だからこそ、部下のほうから〝実は上司が言いたいこと〟を自ら言わせるように仕向けましょう。

そのためには、やはり、質問なのです。

デッドラインを質問する

ここで留意したいのは、「デッドライン」です。

こういう事態に陥りがちな人は、総じて業務力が低い人ですが、なかでも時間軸のマネジメントがダメな人が多いです。そこで、上司のあなたとしては、特に「デッドライン」について必ず質問するようにしましょう。

「いつまでにやる?」と質問して、本人から「明日までに作ります」「今週中に提案しま

図表 3-1　説得より質問

何日までに
やります
それじゃ間に
合わないよ…
と思っている
部下
上司
そうですね、
じゃあ、
こうしましょうか
その日程だと、
こんな危険が
あるよ
部下
上司
部下自身が気づく

す」という答えが出たら、「じゃあ、やってごらん」と任せます。自分で決めたデッドラインですから、少なくとも守ろうとします。

部下の答えがズレていて、「おいおい、それでは間に合わないだろう」と思うこともあるでしょう。しかし、ここはぐっとこらえて、**「そうすると、こういうまずい状態にならないだろうか」「この部分、このスケジュールで大丈夫かな？」と、これも質問で返します。**相手に気づいてもらえるような質問をすれば、そこで部下はハッとします。

「そうですね。来週中に受注したいので、来週頭には提案できるように準備します」

「でも、先方の決裁を待っていたら、それで来週受注できるかな」

「確かにですね。わかりました、では今週中に提案できるようにします」

こうしたことを通じて、業務設計が苦手な部下も、「スケジュールを考えるときは、ここまで考えなければいけないのか」と気づき、必要なデッドラインを自分で決めることができるようになっていきます。

質問でデッドラインや仕事の仕方を自分で決めさせる。そうすれば、後は、上司として、適宜タイミングを見てチェックをするだけです。なお、こうした部下の場合、デッドライン間際でチェックをすると間に合わなくなるリスクがあるので、できるだけ前倒しで進捗チェックをするとよいでしょう。

部下に動いてもらいたい場合、「説明」「説得」ではなく「質問」にしましょう。すると、本人が決めた締め切りまでに、本人がやろうと思っている仕事のやり方で進めることができますし、自分から足りない部分に気づくことができます。自分自身の気づきですから、押しつけでない分、本人も吸収しやすいのです。

一番のメリットは、上司のあなたの「説明・説得の手間」が省けることです。その分、あなたは質の高い仕事に自分の時間を割けるようになるのです。

POINT

教える手間を省き、「質問」で部下を動かす！

Technique

ノセ上手な上司は、部下の「タイプ別」に言い方を変えている

「ずるい上司」はノセ上手。部下のタイプを見て、言い方を変えています。

Chapter2で関係動機型と課題動機型の2タイプの人の特徴についてお話ししましたが、同じことを言っても響く人と響かない人がいます。

たとえば、「頑張れよ」と言われたときに、勇気づけとしてとらえられる部下と、単にプレッシャーととらえる部下と、両方が存在します。どの人にも同じように声をかけるのが平等・公平と思われている方も多いのではないかと思いますが、同じ言い方でも相手のとらえ方は、千差万別、変わってしまうのです。

ここでは、関係動機型と課題動機型以外に、知っておくとかなり使える、部下の「タイプ」のとらえ方と、タイプに応じた言い方使い分けをご紹介します。

特に見ていただきたいのは、部下が、

- **周囲からの目をどうとらえているのか**
- **過去のことをどう見ているのか**
- **未来をどう見ているか**
- **気力に満ちあふれているか否か**
- **自己主張をしっかりできるか否か**
- **合理的か、情緒的か**

といった点です。

具体的には、心の知能指数といわれる「ＥＱ」の24要素が非常に有効ですので、この中から見ていきます（59ページ図表３－２参照）。

1　社会的自己意識

これが高い人は、周りからどう見られているかを気にします。よって、「あなたのこういう行動がお客様から評価されているよ」という言葉が励みになります。

一方低い人には「あの人はあなたのことをこう思っているよ」と伝えてもそんなに響きません。ある意味唯我独尊ですが、周囲の目を気にしない分、腰の軽さや大胆さがあります。

2　抑うつ性

これが高い人は、過去を引きずらないというよい面はあるのですが、一方で、過去から学べないという側面もあります。ポカを繰り返すタイプですね（笑）。このタイプの部下には「そういえばあのときこういうことをしたのがまずかったよね」と気づかせてあげることが大事です。

一方で、抑うつ性が低い人は、過去についてくよくよしたり、引きずったりします。過去の失敗の話をすると不安になるので（自分自身が重々その失敗を痛感しており引きずっていることが多いので）、決してぶり返すようなツッコミはしてはいけません！

3　特性不安

特性不安が高い人は「なるようになるさ」という心持ちでいます。未来があいまいでも、わからないほうが青天井でいいや、と思うタイプです。

一方、低い人は、未来が見えないと心配になります。この場合は、計画をきちんとひかせてあげて、こんな風にやったらうまくいくよね、と想定させてあげることが大事です。

これが高い部下は、基本的には、ガンガンいかせればいいです（笑）。あまり細かいこ

図表 3-2　EQの24の素養

	能力	素養	
心因知性	自己認識力	私的自己意識	自分の感情状態を知り、自分がどのような人間か知ろうとすること
		社会的自己意識	自分が周囲にどのような人間として映っているか知ろうとすること
		抑うつ性	精神的な落ち込みや過去や現在の自分に対する悲観的・否定的な考え方
		特性不安	現在や将来の出来事に対する不安の感じやすさや心配の度合い
	ストレス共生	自己コントロール	自分の感情や考え、行動を調整すること
		ストレス対処	自信のなさ、不安の感じやすさといった否定的な感情を認識し、調整する力
		精神安定性	精神的な動揺の程度、落ち着きや気分のムラの程度のこと
	気力創出力	セルフ・エフィカシー	自分の知識や能力への自信の程度、物事への肯定的な見込み
		達成動機	物事への取り組みの粘り強さとやる気のこと
		気力充実度	精神的なエネルギーの強さのこと
		楽観性	ポジティブシンキング、割り切りのよさのこと
対人関係知性	自己表現力	情緒的表現性	怒りや喜びなど自分の感情を相手に表現し伝えること
		ノンバーバル・スキル	言葉以外のしぐさ・表情・視線などによる気持ちの表現力のこと
	アサーション	自主独立性	人に頼らず、主体的に物事に取り組もうとすること
		柔軟性	考え方の幅広さと感受性のしなやかさ、キャパシティーの広さのこと
		自己主張性	自分の意見や判断、権利を相手に率直に伝えること
	対人関係力	対人問題解決力	人間関係のトラブルを解決していこうとする積極的な意志のこと
		人間関係度	周りの人とのコミュニケーションを大事にしていくこと
状況判断知性	対人受容力	オープンネス	人にどの程度自分から心を開き、人の心を自分に開かせるかということ
		情緒的感受性	相手の気持ちを敏感に察知し、理解していくこと
		状況モニタリング	状況を客観的に観察し判断し、自分の行動の手がかりにすること
	共感力	感情的温かさ	人間関係の基本となる、人に対する温かい心遣いや接し方のこと
		感情的被影響性	周囲の状況への巻き込まれやすさ、人の感情への呑み込まれやすさの程度のこと
		共感的理解	相手の気持ちに寄り添いながら話を受け取り、自分以外の人の気持ちを理解し汲み取っていこうとすること

(出典: "Emotional Intelligence" in 1990 Dr. Peter Salovey; Yale University, Dr. John D. Mayer; University of New Hampshire)

とを言わなくても「いっちょやってみますわ」などと言って飛んでいきます。リスクとしては、うかつな人も多いので、ざっぱくなまま森に突っ込んでいくことのないように、状況を確認してあげたほうがよいでしょう。

なお、創業経営者の方は総じて特性不安が高い方が多いです。ただし、そういう会社の部下の人は、カリスマ経営者の下で、その方針・指示に忠実に従って仕事をする人が多く集まる傾向があり、特性不安が低い方が少なくありません。

この場合危険なのは、経営者の方針がいきなり変わったり、あるときからあやふや・あいまいになってしまったりしたときに、社員が、自分たちは今後どうなってしまうんだろうと集団不安に駆られることです。トップは明確な方針を、しっかり出し続ける必要があります。

4　セルフ・エフィカシー

自ら気力を創出する力です。これが高い人は自信があり、なんでもやっていけると思っています。低い人は、いま自分に自信を持てておらず消極的になりがちです。

セルフ・エフィカシーが低い人に、「頑張れ」とか「大丈夫だ」と言うのは危険です。自信を持てていませんから、その言葉がプレッシャーになり、ストレスを与えてしまいます。結局は、その人の足を止めるようなことになるでしょう。

こういう人に対しては、「こうやればうまくいよね」という具体的なプロセスを参考情報として提示してあげるとか、石橋をたたかせて自分なりにいけるぞと思わせるよう、丁寧に指導していくのがよいでしょう。

5 自主独立性（アサーション）

自分を積極的に主張することができる力です。「課題動機型」の人に比較的これが高い人が多いですね。

これが高い人にとっては、ボスがあれやこれや言うことがうざいんです。ですから、「もう、信頼して任せたぞ」と、まさしく委任型でマネジメントしましょう。こちらが下手なコメントをすること自体が逆効果になることもあり、「それいいね」と言っても、（あなたにいいねと言われる筋合いはないよ）（そんなのわかりきったことですよ）なんて思っていたりもしますので、ご用心です……。

とはいえ、仕事はしっかりしますから、とにかく細かいことを言わず、前向きな意味で放っておきましょう（笑）。遂行能力を認めてもらうことが大事なタイプなので、ぜひ、「さすが、うまく進んでるね！」とほめてあげましょう。

6 感情的被影響性

簡単にいうと、相手の感情に影響を受けやすいかどうか、ということです。

経営者の方は低く、女性には高い人が多いです。

たとえば、これが高い人は、道端で女の子が泣いているのを見て、自分もワッともらい泣きしたり、怒っている人を見ると自分もドキドキして、心が揺れてしまいます。こんな風に、相手の感情に同情することが多いタイプです。

一方、感情的被影響性が低い人は、泣いている女の子を見ると、「どうしたんだろう？　なぜ泣いているんだろう？　どうしたら助けてあげられるんだろう」といった考え方をします。感情的に同調するというよりも、状況を客観的に判断するというスタンスでいることが多いといえます。

感情的被影響性の高い人を情緒的に動機づけると、ちょっと危険です。ムードに流されやすいので、チームで「よしいくぞ！」となったときにワーッと高揚するのはいいですが、気持ちが高ぶっているだけで実がついてきていないなんていうこともありえます。

また、仕事で失敗したり、お客様からクレームをもらったときなどストレス度が高まったときは、頭が真っ白になるので、ちょっとクールダウンさせてあげることが大事です。感情的、情緒的な情報は可能な限りなくして、仕事のプロセスや状態に焦点をあてるようなコミュニケーションを心がけます。

「どうした、お客様が怒っているぞ」とか「大変だ、なんとかしなきゃ」といった感情を揺さぶる情報は脇に置いておいて、「ここの改善策をまず考えてみようか」とか「もう一度、あそこの情報を整理し直して、優先順位を確認してみてくれ」など、具体的なプロセス・作業にフォーカスさせてあげましょう。

一方、いい状態の場合は、すぐやる気に火がつきますから、感情的にもたきつけて、フロー状態で「行こうぜ、今日も！」みたいなノリが効きやすいといえます。

ポジティブな状況ではアクセルとして使い、ネガティブな場面では刺激を回避する。こんな使い分け方もありますので、ご参考に。

ここで紹介したタイプは、ＥＱのサーベイ指標ではありますが、普段から部下の行動や反応を見ていれば、ある程度以上、前項の各タイプは推測できると思います。こうした特性を持っているのだと気づいたら、それに合うようなコミュニケーションをとるのが「ずるい上司」のうまいやり方です。

感情理解は自分自身にとっても大切ですから、機会があればあなたもEQ検査を受けてみるとよいですよ。（※1）

Situation

〈相談に来た部下に親身にアドバイスしたのに、実行されない〉

手取り足取りはバカをみる！ 放置プレイで部下は育つ！

「課長、この件、どうしたらいいのかわからないので、教えてください」

部下が相談に来ました。

こういう場面、上司としては嬉しいので、得意満面で「それは、こうしたらいいんだよ」などと話してしまいますよね。ところが、各論について得意気にアドバイスをすればするほど、部下は反発しがちなのです。こちらからすれば、自分が聞いてきたクセに……ですよね（苦笑）。

新卒社員や中途で入社間もない社員などは、こちらが嬉しくなるくらいに、すがるように素直に聞いてくれますけれど、中堅クラスになると、頼ってくるにもかかわらず、上司であるあなたの言うことを素直に聞かない人が出現したりします。さてさて、どうしましょうか？

まずは、「依存することをやめさせる」

こうした問題では、部下に「依存することをやめさせる」ための意識づけが大切です。「教えない」というアプローチは、教育の分野でも注目されていますが、自分で考えるためのトレーニングになります。ですからずるい上司として答えはわかっていても、それをポンと提供してしまうのではなく、本人がしっかりと頭を使って考え、自分でどうすればいいかを決める、という習慣をつけていったほうがよいと思います。そうしないと、なかなか手離れができません。

このように「話を聞かない人」がいる一方で、「徹底的に依存する人」も多くいます。言われたことをやればいいや、とハナから考えるつもりがありません。下手をすると「上司のやりたいことはどうせ決まっているんだから、俺は言われた通りやればいいんだ」と思っています（ある意味、「ずるい部下」ですね（笑））。

この背景には、上司自身が、自分の思うように全部やらせてしまう、というマズい意識がある場合も多いのですが、それでは部下は自分で考えて動くようにはなりません。毎度毎度ひな鳥に餌を与え続けるようなやり方は、上司もしんどいし、自分自身のレベルを上げるための時間をまったく使えません（できることは部下にさせて、上司はもっと自分のレベルを上げるために時間を使いましょう、というのがこの本の主旨の1つでもあります）。

「で、きみはどうしたいの？」と聞けば、答えは部下が考える

依存症部下を鍛え直すやり方は簡単です。

「で、きみはどうしたいの？」

と、一言、聞くだけです。

上司に明らかな答えがあったとしても、情報（答え）を提供するのではなく、本人に考えさせ、提案させます。

人は「他人が決めたこと」には反発し、「自分が決めたこと」に従います。これなら、反発を呼ぶことなく、部下を育てることができます。

親分肌のボスやオーナー社長は、言いたくて言いたくて、カラダがうずうずして仕方が

ないはずです。心理的にこういうことが苦手な人は、かなりストレスがたまるかもしれません。しかしここは、**「自分が頑張らない」を頑張りましょう！**

アクションとしては、「きみはどうしたいの？」というたった一言です。割り切って、まず使ってみてはいかがでしょうか？

「作戦シート」を提出させる

もう1つ、「自分で考える部下」を育てるためには、「作戦シート」も有効です。形式はなんでも構いません。文書でなくても、メールでもOKです。

部下に、「どうしたいの？」というところを答えてもらったら、今度は考えたことを文章に落として「作戦シート」として提出してもらいます。

「作戦シート」のよいところは、言った言わないの問題が起こらない、ということもありますが、**形（言葉）に落として思考を固定化することは、思考のトレーニングにもなります。**

頭では総論として「こうしよう」と思っていても、いざ、紙に落とそうとすると書けないことはありませんか？　実際に書いてみることで、何が自分にとってあいまいなのかが

図表 3-3　作戦シート

【来週1つ受注を獲得したいので、下記の作戦でいきます】

・今週中に企画書を作ります
・来週頭に先方に提案に行きます
・不備があれば、その場でヒアリングして、すぐに提案書を変更します

この程度の簡単なものでOKです

わかるのです。

ここで注意してほしいのは、書類を出してもらうにしても、**華美なプレゼンテーション資料を何時間もかけて作ってもらいたいのではない**ということを部下に伝えることです。要点だけ、メールで送ってもらうのでいい、ということを徹底しておきましょう。アニメーションが出てくるようなパワポ資料をもらっても、なんの意味もありません。そんなことをしては、逆に、あなたのチームの生産性を、その作業時間分だけ落としてしまいます。

部下の仕事の進め方を一つひとつ指図したり、戦略シナリオを上司が作ってあげてしまう、ある意味〝おひとよし〟の「いいひと上司」もいらっしゃいますが、こちらが手間隙かけて考えた割に、その中身をまったく理解されなかったり、業務にまったく使われなかったりして、がっかりすることも多いものです。

そんな割食う作業は今日でおしまい。「ずるい上司」としては、すべて部下に振り切って、部下自身に考えさせ、手足を動かさせ、自分の手間隙を解放しましょう！

ただし、提出してもらったものは、必ずレビューをし、それでいいかどうかのチェックとフィードバックはしましょう。あまりにピントが外れているものを出されたうえ、それでいいんだと思って仕事を進められては困ります。進め方の検討・策定にはこちらの時間は使わず、確認作業だけに集中的に時間を使いましょう。

POINT

「で、きみはどうしたいの？」と聞き返し、作戦シートを作らせる

Situation

自発的に学ばせるなら、100の指示より「メールのCC」

〈成功事例を一緒に作ってあげたのに、それが次に活かされない〉

なかなか業績が上がらない部下が、あるクライアントへの受注提案を行なうことになりました。

上司としては、部下に成功体験を積ませたいので、「じゃあ、一緒にやろう」ということにして、自分が先頭に立ち、部下が補助としてつき、クライアントのところに行きます。そして「よし、見てろよ」と、部下を脇に置き、上司のあなたは渾身のプレゼンテーションを展開。交渉は無事完了、見事、受注がとれました。

部下に数字はつきましたし、成功体験もさせてあげられました。上司としては「ほら、よかったな」と得意満面な状況です。

でも、ここに落とし穴があります。

上司の仕事のプロセスを全部見せて、成功体験も積ませた。

これで後は1人でできるだろうと思うのですが……、これが、まったくうまくいかない。

結局、上司という〝補助輪〟がないと、自分の仕事という自転車をまったくこげないわけです。

補助輪をつけていると、いつまでも外して漕げない！

確かに最初は併走してあげることが必要です。しかし、様々な企業を見ていると、入社してから大分経っているのに、まだ、新人教育のときと同じようにずーっと上司が部下に付き添っていることがあります。すべての案件提案で部下についてまわり、結局上司がすべてのプロジェクトのリーダーになっていることもあります。そしてその部下は、上司の脇でにこにこしている。これでは部下の力は絶対につきませんし、上司も永遠に大変なだけです。

最初のトレーニング期間が終わったら、まずは1回放り出してみる。ダメでもいいんです。そこで何ができていて、何ができていないのかがわかりますから。その経験がその後、部下と上司がお互い成長するために、とても必要なのです。

大きな変化を促したいなら、口で言うより、「失敗」をわざと見逃す

自分が痛い目にあうことではじめて、ことの本質がわかることってありますよね。部下に対して様々なサゼスチョンをする上司は多いと思いますが、部下のほうはといえば、「本当にそうかな」と疑問を持っていたり、そもそも理解していなかったりもするものです。結局、口で説明しただけでは、実は理解されていないことが多いです。

それよりも、あえてやらせて、失敗させることで、仕事の勘所をつかんでもらいましょう。

ただし会社の命運を握るようなプロジェクトでやるわけにはいきませんから、失敗しても「まあ仕方ない」と思える新規案件みたいなものがあれば、内心「よし、失敗しろ！」くらいのことを思いながら、やらせてみるのがよいと思います。

そして、大失敗してくれたら、儲けものです（笑）。

上司から見れば、そのやり方ではうまくいかないんじゃないか、そんな提案ではお客さんに刺さらないのではないかなと思うようなことも、部下はそのやり方でいいと思ってい

ることも多いです。失敗することではじめて、部下は、「ああ、こんな仕事の仕方ではダメなんだ」と自分で気がつきます。

1回だけではすまない人も少なくなく、何回か同じことにぶちあたって、腑に落ちるケースも多いですが、まあ、確実に本人の実になります。

仕事を教えるなら、100の指示より「メールのCC」

ここまでのことをまとめると、心理的には、上から説明的に言ったり指示をしたりすると、部下は圧力に感じたり、反発心を持ったりするということです。そのため、こちらから言うのではなく、自分自身で考えさせることが肝心、ということでした。とはいっても、教えなければいけないケースもあります。

そんなときのために、もう1つ、アプローチがあります。

ポイントは、上から、ではなく、横から、です。どういうことかというと、「併走する」という方法です。具体的には、自分の仕事のやり方を見せるやり方です。

たとえば、自分自身がお客様とやりとりをしたり、プロジェクトを進めていくときのメールのＣＣに、部下のアドレスを入れます。すると、それを見ながら部下は、「こういう言い方をすると、お客様からこう返ってくるんだ」「こういう風にすると、物事はこう進むんだ」ということを学べます。

いわゆる、上司の「背中を見せる」スタイルですね。

これは、圧力をかけられているわけではありませんので、部下のほうで気づいて、勝手に学んでいってくれます。

ただし、にぶい部下は、せっかく共有しても、自分事ではないので、まったく学ばないこともありますので、念のため。

それでも、こちらはただ普通に仕事をしているだけですから、カリカリする必要はありません。部下の反応・理解に、あえて過剰な期待はせず進めるとよいでしょう。

POINT

補助輪を外して、わざと大コケさせる

Technique

うまくいくプロセスを見つけてもらうための「業務設計交換日記」

「作戦シート」の話をしましたが、これを〝交換日記化〟して、そのプロセスを報告してもらい、上司のあなたがレビューを返すというやり方があります。

「この案件については、こんな風に進めていこうと思います」
「大体はいいけど、こうしたら」

といった具合に部下とやりとりをして、仕事のプロセスを設計しながら進めていきます。

また、うまくいかなかったときも、そこまでの経緯をやりとりすることで、部下自身が改善策を考えるきっかけになります。

こういう風に作戦のポイントで、上司がチェックしながらキャッチボールをしていくと、**「プロセス設計」＋「PDCA」＋「レコーディング」が同時に行なえます。**

上司にとっては部下の動きを可視化できますし、記録に残ることでメンバー自体の学習レベルも上がります。仕事がうまく回るようになるまで、上司と部下でブラッシュアップをしながら進めるとよいですね。

この方法は、一見大変そうに見えますが、上司としては肝の部分をチェックしているだけです。部下としては、そのプロセスを設計することで、本人のなかでのやり方ができあがっていきますし、上司もその部下の成功例を見ることで、他の部下への横展開もできるようになります。一挙両得、「ずるい上司」の面目躍如です。

Technique

部下に自ら失敗をリカバリーしてもらうための「聴き方」のコツ

聴き方については、**「原因追及思考」**と**「目的・結果追求思考」**があります。

原因追及思考は、「なんでこうなったんだ」「どうしてなんだ」と原因を見ていくもので、鬼軍曹タイプの上司やＭＢＡホルダー等の高学歴系ボスに、非常に多いですね。

もちろん、原子力や医療現場など徹底したリスク特定が必須の事業やプロジェクトもあり、そうした現場で原因追及思考は徹底されねばなりません。

しかし、概ね一般的なビジネスの世界では、失敗の原因にどんなに突っ込んでいっても、実は何もはじまりません。何でこんなことが起きたんだ、どうして失敗したんだ、と原因に徹底的に突っ込んでいって得られるものは、上司の溜飲を下げることと、憤りを部下にぶつけることでのストレス発散くらいでしょうか（笑）。それ以外の効果はなく、追及された部下のほうも鬱々として終わる、ということになります。

ビジネスはプロアクティブなものです。常に次にどうしよう、もっといい状態にどうやってもっていけばいいだろうと、未来にどんどん向かっていく行為です。

したがってこういうときは、失敗の原因に気づいてもらいながらも、次の課題を見てほしいわけなので、ここでは目的・結果志向のほうが望ましいでしょう。断罪的に追及するのではなく、何が起きたのかを本人から話させ、思考の向きを過去ではなく、未来のゴールに向けさせるのです。

目的・結果追求型の質問とは、次のようなものです。

・どのようになれば、満足な状況になるのか？
・満足な状況が１００点満点だとすると、現在の状況は何点か？
・満足な状況と、現在の状況は、どこが違うのか？
・そのギャップを埋めるためには、どんなことができるのか？
・そのことを行なうために、どのような障害があるか？

・満足な状況を実現したことは、どのようになったらわかるか？
・満足な状況を実現するために、とるべきはじめの一歩は？

原因を追及されるのはつらいですが、どうしたらいいかを考える（追求する）のは前向きで楽しい行為です。転んでもただで起きず、トラブルを健康的かつ生産的な活動へと転換するためにも、失敗について考える時間を、目的や課題解決につながることを考える時間にシフトするのが「ずるいマネジメント」です。

Technique

仕事をムダに増やさないために、本質的でないことを考えさせない方法

大して重要でもない仕事をして、忙しがっている部下もいます（うちの会社はほとんどの部下がそうだ、ですって?!）。どうしましょうか。

まず、そういう部下に対しては、軸を通します。「要するに、何を達成できればいいのか」という1点に絞って、話を進めましょう。

手段が目的化してしまうことは往々にして多いものです。

たとえば、本来的にはある商品を導入してもらうことが大事なのだけれども、そのための提案資料を作ることになった段階で、商品紹介とは直接関係のないところを華美にしたプレゼン資料を作ったり、見もしないデータをたくさんつけたり、ということもあります。

そんなときに、上司としては「まてまて、そういう部分が、クライアントの商品導入決

裁を促進するんだっけ」というところをチェックしなければなりません。必要なところ以外は思いきってやめる、といった「ずるさ」を教えるのも、ずるい上司としては大切な仕事です。

部下を「暇」にさせるな

「ずるい上司」としては、こちらのほうが重要かもしれません。

それは、部下を「暇にさせない！」ということです。

仕事をどんどんメンバーに押し込みましょう！（ブラック企業にならない程度に）。

上司としては種々様々な仕事があっても、本当は一番大事なことだけをやらせたいわけです。充分な仕事量があり、**それが「少し多め」なくらいであれば、無駄な作業に時間を割けなくなるので、必要なことだけをやるようになります。**暇だと余計なことを考えたりやったりするので、実はよいことはありません。実際、少しリソースが足らないくらいのほうが会社も社員も健全です。

ここで気をつけたいのは、「残業はしない」と決めておくこと。吉越浩一郎さんが社長だったときのトリンプ社ではないですが、仕事は決められた時間内に終わらせる、そのために各自工夫すると、会社として決めてしまったほうがよいです（なお、ゼロなのか、数時間内なのか、その度合いは会社ごとに異なるので自社に合わせて決めましょう）。

くしくも昨今、「ブラック企業」問題が巷で騒がれていますが、過剰労働といっても、生産性の低い仕事をしている人は、多いはずです。ブラック企業という言葉については、状況の理解がねじ曲がっていたり、危険な取り違えをしている面も少なくないと思います。

確かに、飲食業や販売業で営業時間が長いうえ、人が少なくて仕事をせざるをえないという物理的な過負荷状況はブラックになりやすいですし、営業ノルマがそもそもありえないような目標だとかパワハラが常態であるというのもブラックだと思います。

しかし、一方では、ちゃんとした仕事をきちんとやってほしいのに、ここでいう「本質的でないこと」にばかりかまけているとか、昼間はまったりしていて夜になると元気になって仕事をしだすという理由で残業が増えていたり、業務の成果を上げようという努力はなく、ただ勤務時間をこなして給与をもらい続けているといった状況もあります。これは**本人が「ブラック社員」**なんです。

そういうことは見分けた上で、必要な時間に仕事を終わらせるよう、「残業しない」ことを徹底させましょう。その上で、生産性重視で、本質的なことにフォーカスして仕事をしてもらう。これが、「ずるいチーム運営」のための本筋です。

Situation

〈こんな会社、やってられません〉

引き留める必要、まったくなし！ 堂々とお引き取り願おう！

一度辞めますと言った人は、慰留して留まったとしても、結局は、近々また同じことを言い出しますし、早晩結局は辞めます。部下が辞意を表明してきた時点で、終わりだと思ったほうがいいですね。

したがって、部下が「いま辞めたいんです」と言ってきたら、前提として、今回止めたとしてもいつかは辞めるなという割り切りをすること。ただ、上司としては策士であっていいと思うので、いま辞められると困るし、1年くらい続けてもらうことに短期的メリットがあるということなら、「もう一度、考え直してみろよ。キミは当社にとってなくてはならない存在じゃないか」と口説き、慰留することはやったほうがいいでしょうね。

繰り返しますが、**辞めると言い出した人間は、結局いずれ辞めます**。なかには甘えから「辞めます」と言ってくる人もいますが、辞めたいと言った時点でいくつかのミスマッチが生まれているのは事実なので、リリース前提で考えたほうが健康的な組織だと思います。

処遇改善のための「辞めます」は言ってはいけない

一方で、上司でありながら雇用されている立場の皆さんに言いたいのは、会社に「もう辞めます」と申し出る場合、言ったからには、もう次の新たな場に行くことを覚悟した上で言わないとダメだということです。

時折、処遇改善や自分のプレゼンスを高めたいという理由で辞意を表明される方がいらっしゃいますが、やめたほうがよいです。本気で止めてくれる上司や、カウンターオファーで給与アップや異動を実現してくれる場合もありますが、それでも内情はシコリを必ず残します。**それが中期的にあなたにとってよい方向に向くことは、極めて稀であると**申し上げておきましょう。

さらに、辞めたいと思ったということは、会社がどうこうということではなく、実際にあなたがそういうサイクルに入っているということなので、仮に慰留されたとしても、概ね1～3年以内に結局は去ることになるでしょう（その1～3年に意味がないとはいいませんけれども)。

お互いに最初はよかれで一緒になり(入社し)、それなりに仕事をなしとげてきたとしても、会社や組織も生き物ですから、いろいろと姿を変えて発展します。3年前にフィット感があった人が5年後もそのまま、ということはありません。会社と社員とがお互い成長し、ハッピーな形で変化し続けるのはよいことです。ただ、急激に会社が発展すると、その変化や成長についていけなくなる人が出てくるのも、企業や組織の宿命でもあります。

できない人がいづらい会社にする

では、企業・組織にとって、何よりもあなたのチームにとって、「いい状態」とは、どんな状態でしょう。

それは、ローパフォーマーがいづらくなって出ていく状態を作ることです。

本人はプライドもありますから、方向性の違いなど様々なことを挙げて「辞めます」と言ってくると思うのですが、そこはそれ、「お互いのためにそれぞれの道に進んだほうがよいかもしれないな」と残念そうに言って、(意地悪な言い方をするのであれば)内心ほくそえんでおけばよいと思います。

「ずるい上司」のあなたにとっては、頑張って前向きに仕事をしている人たち(だけ)の集団にするのが一番。**残念ながら、チームが強くなればなるほど、能力的なことから自然と周りから置いていかれる人も出てくるでしょう。**そういう人が、いろんなことを言いながらも、退職の申し出をしてきたら、それは彼・彼女にとっても、別の場所に移してあげるほうがベターですから、外に出る気持ちをそのまま受けとるのが正解です。

POINT

辞意を表明した部下は慰留せず、できない人がいづらい組織を作る

Technique

叱り方で悩むくらいなら、その場で叱る

上司としては、部下を叱るということで悩む方も多いと思います。それぞれのシチュエーションやTPOによっても叱り方が変わってきますし、怒るか怒らないかといったことでストレスを抱える人もいるでしょう。

シンプルな法則は、**「悪いことほどすぐ叱る」**ことです。

「後で」ということにするとより根が深くなり、起こった具体的な事象よりも人格的な部分に意識が広がってしまいがちです。また、叱る効果も薄まりますし、対応も遅れてしまうので、叱ることを伸ばすメリットは何もありません。

叱るときの注意点としては、まず基本的には「個別に叱る」こと。公衆の面前でどなったりしてはいけません。応接室などの部屋の中で、みんなに聞こえない場所で行ないま

しょう。

もう1つは、**「怒らないで叱る」**ということです。

上司も生き物なので、カッとなります。すると「怒る」こと自体に自分の焦点があたってしまうことになります。すると部下のほうも「怒られている」印象ばかりが残って、叱られるべき事実を忘れてしまったりします。

ではどうすれば「叱る」になるのでしょうか。それは、起きたことの事実を述べることと、です。

いま、そのことが会社や周囲にどんな悪影響を及ぼしているのか、それが部下自身にどんな悪影響があるのか、淡々と述べていきます。その後、それについて本人はどう思っているのか、どう対応したいと考えているのかについて話してもらいます。

ともすると、上司は部下に「反省している顔」を求めてしまいがちです。そうではなく、起こった事態を理解しているのかを確認しましょう。感情面でうなだれていても、実際に起こったことについての見解がずれていることがあります。そこがずれていては、いくら反省の弁を述べられても、意味はありませんからね。

Situation

〈頑張りますから、お願いです……〉

情にほだされるな。「頑張る」からではなく、「成果が出せる」から給与を払える！

辞めたいという部下もいれば、しがみついてくる部下もいますね。

「いさせてください、頑張りますから」という部下に気づかせたいのは、頑張ることに対してではなくて、成果があって給与が払えるということです。

会社に適応できていない人が、その場にい続けても、「我々も困るが、きみ自身にとっても不幸だよ」ということを上司としてもしっかり認識しましょう。

上司も人の子で情もあるので、「頑張ります」と言われてしまうと、「そうだな、もう少し様子を見てみるか、いずれ花咲くかもしれないし……」と考えて対応することがほとんどと思います。しかし、こういう話が出てくる人の場合、その状態が、ある日突然、打って変わってよくなるということは、まずありえません。どちらかというと、時間経過とともに、より厳しくなることのほうが多いと思います。どうしても能力面の問題はあります。動機づけたり自分で動けるような場を作っても、それでも結果が出ない人は、残念ながら、やはりいます。

能力面での問題があるのに、そういう人が自社にい続けるのはお互いに不幸ですよね。その人はもしかしたら、違う場所に行けば、まだ輝ける可能性があるかもしれません。そう考えると、職場を変えたほうが相手にとってもいいことです。

本人も大事だが、周囲で成果を出しているメンバーのほうがもっと大事

もちろん、そういう困った部下に対しても、目をかけてあげたいところですが、上司として何に価値づけするかということに立ち帰れば、望ましい行動ができていてしっかり成果を出しているメンバーが何よりも大事なのは自明の理です。

優劣をつけるような話になってしまいますが、そんなチームの中にローパフォーマーがいると業績の足を引っ張るし、よいメンバーに望ましくない影響を与える可能性もあります。ですから対処はドライに考えたほうがいいですね。上司の「この会社が唯一の世界ではないし、きみやあなたに合った職を探したほうがいいんじゃないか」というキーメッ

セージは、決してリストラとか解雇とか、そういうことではなく、1人の人生を持つ部下のためのものであると思います。
多様な価値観を提供してあげることも、広く考えれば後ろ向きなことばかりではありません。

POINT

成果を出せない部下に、別の新たな道を積極提案する

Chapter

4

実践！　ずるいマネジメント

「チームマネジメント」編

Situation

〈部下はさっさと帰宅するのに、上司の自分の仕事が終わらない……〉

〝安い仕事〟は、部下に社内アウトソーシング！

上司の仕事がなかなか終わらない理由は2つあります。

1つは、〝部下の補助輪〟として自分が仕事をしてしまう、ということ。上司は自分のチームを成功させたいという気持ちがあります。そこで、うまく動けていない人がいたら、その部分をやってあげてしまっている上司も多いと思います。本当に「いいひと上司」なんですよね。

もう1つ、プレイングマネジャーとして、プレイヤーとしての自分の仕事をしながら、マネジャーとしてチーム管理の仕事をしているということです。当然、物理的に負荷が高く、部下よりも時間をかけざるをえなくなります。

そもそも本来、トップに向かうほど、労働時間というのは長くなるものなのです。

よく日本は過重労働で、欧米のビジネスパーソンよりも労働時間が長いといわれていますが、それはある側面では嘘があります。確かに国民全体の平均をとれば、日本人の労働時間は長いのですが、こと「上司」層で比較しますと、欧米のエグゼクティブは、日本人の管理職が考えられないくらい、それこそ24時間365日、徹底的に働いています。そこから比べると、日本のマネジメントは実は働いていない、ということもいえます。

上司という立場はそのくらい働かないといけない重責を負っている。その分の責任・権限・給与をいただいている。対して、現場社員は目の前の決められたことだけをやればよい、定型業務だけを行なえばいい、だから定時が基本、ということになります。ここはそもそも論として理解しておきましょう。

では、現在の日本の上司たちの仕事の中身はどうなんだ、ということになります。

たとえばアメリカの企業のトップは、経営としてハードな交渉に臨んだり、事業の方向づけを徹底的に考えたり、そのために外部機関で学んだり、日々外交を行なっています。欧米企業のトップは秘書が何人もいますが、補助的な業務は徹底的に周りの人に振っています。社長として、補助的な業務や社員と同じ仕事をするのは悪いこと、という価値観があるのです。

そこまでやるのがよいかどうかは様々な意見があると思いますが、[illegible]思うのは、次のようなことです。

グローバル企業

- 上司になったら、質もレベルも高い仕事のほうにシフト
- 逆にそれまでやってきた現場仕事は部下にどんどん任せ、部下に大きな経験ができる場を作り、成長させる
- そして自分は、これまでの仕事を手放してラクになって、空きスペースにより付加価値の高い業務を入れていく

しかしながら、現在の日本の上司の状況は、

日本企業

- 部下と同じような仕事をかなり抱え込んでいて、上司のほうが仕事が終わっていない
- しかも、レベル上げをするゆとりがないので、擦り切れていく

ということになっています。

「安い仕事」と言いましたが、現場業務を抱えすぎていませんか？　それが重要なのはわかりますが、そこは割り切って部下たちにどんどん出していきましょう。

「垂直統合型の業務フロー」を「分散並列型の業務フロー」に変えよ

仕事が進まないとき、上司がボトルネックになっているケースもあります。

たとえば、承認を出すためにハンコを押すなどといった業務はもちろん大事ですが、無用にそこに喜びを感じ、自分を経由することに自分の存在価値を置いている上司の方もいるようです。しかし、そのために部下たちが足止めをくらってしまい、業務のボトルネックになるのでは、ムダな満足というものです。

だったら、最低限必須の部分以外は、部下たちが勝手に進めていいことにする、並列的な業務フローにしたほうがよいのです。

確かに、最終的な受注確定とか見積もりのチェックなどは当然捨ててはだめだと思うのですが、部下が提出する書類を上司が全部見る必要があるのかとか、商談先へのアクションに承認はいるのかなど、考えてみたら上司の確認が不要なものも結構あると思います。そういったことは、進捗だけは共有した上で、早めにリリースする。「NO」と言わない限りどんどんやれ、ということにして、何かあったときだけ「大丈夫か？」とツッコむ。そのくらいのほうが、仕事は勢いよく進むのです。

業務の〝苦手宣言〟をして、部下に「僕がやります！」と言わせてしまえ！

上司の皆さんはプライドもあるし、実際問題、仕事もできる人が多いですが、私が人材コンサルティング事業を通じて数々拝見してきた「成功している経営者・リーダーの方々」は共通して、自分の圧倒的に強いところに関してはものすごい迫力で仕事を進めるのですが、意外と抜けているところがある人もいて、そのバランスが絶妙なんですよね。

たとえば、スケジュール管理や何か細かな準備や作業が苦手だとすると、そこで気張るのではなくて、「ほんと、ぼく、だめなんだよね」と言いながら、「てへっ」という感じで部下に回してしまう。そうすると部下も嬉しいのです。

コアな業務、クリティカルな業務が苦手では経営者や上司をやってはいけませんが、周辺業務・補助業務などに関しては、結構、苦手だったり、意図的に抜いていたりする。そういうところに関しては、**「おまえたちがいないと本当に俺はダメだよ」といって、気前よく部下たちに任せてしまう**のです。

こんな風に「かわいげのあるボス」になると、結構、得です。

〝完璧さん〟過ぎると、部下にとっては心理的な距離が遠くなってしまう部分もあります。身の回りのことなどの由無し事については、意外とそんなに完璧でない人のほうが可愛げがあって、部下との心理的距離も縮まるのです。

POINT

社内アウトソース&〝てへぺろ〟上司がトク!

Situation

〈徹夜で練って方針を発表したのに、部下が白けムード……〉
情報収集・アイデア出しは「部下のアタマ」を使い倒す！

今度の新商品のキャンペーンについて、あなたを含む部課長・役員クラスが集まって会議をし、「よし、これでいこうじゃないか」とその方針を決めました。

そして、各部課長は自分の部署に戻り、

「次は、この商品の強化で3か月頑張るために、このキャンペーンを行なうぞ！」

と、大本営発表。

しかし、部下からは、

「それは、経営が考えたことですよね」

「他の件でも僕たち時間がないのに、さらにこんなことを仕込んでどうするつもりですか」

などという声が噴出。大々的なキャンペーンのカットオーバーのはずが、社内は険悪なムードに……。

経営レベルでの重要な局面は、折々に出てきますよね。そのとき、経営陣、幹部陣で一生懸命考えて方針を出すのは当然のことです。

しかし、現場のことをよく知って活躍しているメンバーたちのアイデアを使ったほうがいいケースもありますよね。

部下を自分の「情報端末」にする方法

何か重要なことがあったときには、トップなり幹部なりだけで考え尽くして、下におろすということをやっている会社がほとんどだと思います。

しかしたとえば、既存の商品群に加えて、新商品を追加で拡販したい。でも、人が増えるわけではない、どうしよう、といったときに、

「こういう理由でなんとしても成功させたい」

ということを現場のみんなで共有し、

「どうしたらいいと思う？　考えてみてほしい」

と意見を聞いてみてはどうでしょうか。

上司のあなたがいきなり自分でうんうん唸り出すよりも、現場の情報をたくさん持っているメンバーを巻き込めば、彼ら自身が考えてくれます。そういう意味で、うまく使ってあげることが大事です。

これは部下から見れば、嬉しいことです。会社の経営に参画することができ、コミットメントも高まります。

なお、正直、これをしたからといって、全員が全員考えてくれることはないと思います。考えてくれる人、面倒くさいといって何もしない人、反発する人が出てくるでしょう。でも、それぞれ、誰がどのタイプなのかが浮き彫りになるというのも、会社にとっては貴重な情報です。

次の幹部やリーダーを決める際の候補がより明らかになりますし、普段は目立たなくてもどうしたらいいかと積極的に考えてくれる人が浮き上がってくるので、優秀な人を見極めるフィルターにもなります。真剣に考え動いてくれるメンバーに対しては、その人たちを中心にプロジェクト化してキャンペーンを行なったり、新規事業を立ち上げるなどするのも、非常に効果的な方法です。

リーダーは「衆議独裁」。意見を出させて、最後にまとめるだけ

リーダーは「衆議独裁」というのは、伝説の外資トップであり、当社のアドバイザーでもある新将命さんがよく使われる言葉です。先のような形で議論してもらうことは非常に大事ですが、忘れてはいけないのは**最終的な意思決定権は上司のあなたにある**ということです。部下にはいいアイデアをどんどん出してもらっても、自分が最後にまとめて意思決定をする。そこは譲ってはいけません。

また、議論をしたからといって、出てきた意見の中で「単純に数が多いから」といった理由で、最も多数のものに決めるということもしてほしくありません。あくまで、出てきた意見の中で、あなたが「いい」「これならいける」と確信するものを選びなさい、ということなんです。

「俺が俺が」にならない勇気

もう1つ、衆議独裁による決定事項を伝える場合のポイントがあります。

それは、「これに決めた」というときに、上司のあなたが「オレがオレが」にならないということです。

たとえば、多くの人の意見と自分の意見が同じであれば、「多くの人がいいと思っているし、僕も納得なのでこちらにします」と言えばいいですし、たとえ少数派の意見でもいいものがあれば、「少数意見だけれども新たな市場を開拓するという点で、この意見には尖った部分があって、今後の可能性が最も感じられたので、これにします」などと、必ず理由づけをします。

また、よい意見を出してくれた人を立てて「◎◎くんが出してくれた案は、◎◎という理由で他の案よりも優れているので、それで進めてください」

と言うのもよいでしょう。

くれぐれも**「私ももともと、そう思っていた」とは言わないことです。**

なお、こういうコミュニケーションと意思決定サイクルが回っていると、部下たちは意見を言いやすくなります。提案することが評価されるんだというカルチャーになり、チームの風土と価値観が前向きかつ闊達なものへと変わっていきます。

最初が頑張りどころです。うまくいけば、部下が勝手に仕事を進めてくれる「ずるいマネジメント」体制の完成です！

実は私も、同様の経験がありました。小さい会社でしたが、私ともう1人の幹部が決めた方針に対して、「それは経営で決めたことですよね」と不満を言われたことがあります。このままではプロジェクトは動かない。そう思い、「じゃ、みんなで考えてみてくれないかな、この案に固執しているわけではないから」と伝えました。

そこで、2週間後メンバーが考えてきた案は、まさに最初に私たちが提案したのと同じもの。内心、椅子からずるっと滑り落ちて「これ、先日のとまったく同じじゃないかよ！」と言いたいところをじっとこらえて、「おお、いいんじゃない、これでいこうよ！」とプロジェクトを進めました。

やっぱり人は、他人から言われたことはやりませんが、決めたことはやるんですよね。

POINT

優秀なマネジャーほど自分より優秀な人を使える

Technique

コスト・差別化・集中を踏まえた「競争優位の戦略」的マネジメント

ポーターの「競争優位の戦略」をご存知でしょうか。

簡単にいえば、企業の戦い方には次の3つの戦略があるという経営戦略理論です。

3つの戦略とは次のものです。

- **他社よりも低価格で生産・販売することで、市場で競争優位に立つコストリーダーシップ戦略**
- **自社製品を差別化することで、マーケット全体において競争優位を確立する差別化戦略**
- **市場を限定したり、製品を絞ったりすることで、そこで競争優位を確立する集中化戦略**

「ずるいマネジメント」としてここから何を学ぶかというと、1つは「安い仕事はアウトソースせよ」ということです。〝安い仕事〟と〝付加価値業務〟をずるく仕分けましょう。

上司のあなたとしては、自分の仕事は徹底的に「差別化」業務にシフトして、他の処理業務など、コスト系の業務はすべて部下に任せてしまいます。

総じてみて、自分自身を含めたチーム全体のリソースの最適分配があなたの仕事ですが、自分はより上のほうの仕事に集中し、そのほかの仕事はメンバーや外部の人に振ってしまう、ということを、まずは基本原則として業務を分配してみてください。

また、部下を情報端末として使うという話をしましたが、結局、〝**自分よりも優秀なヤツにやってもらえばいい**〟、ということは往往にしてあります。

たとえば、ある商品のキャンペーンをする場合、自分よりも部下のAさんのほうがその商品に強ければ、上司ぶらずにAさん主導で進めてもらえばよい。そういう意味では付加価値業務についても、自分よりも得意なメンバーがいてくれるのであれば、そちらの人を遠慮せずにガンガン使いましょう。

上司のあなたは、自分が任されているチームとしての目標・予算があると思います。プレイングマネジャーの方は、個人の目標も持ちますが、チームリーダーとしては、何よりもまずチーム全体の目標達成が最も重要なわけです。したがって、優秀な部下のほうが自分よりもプレイヤーとして活躍できるのであれば、遠慮なく活躍してもらって、**チームとしての総和を最大化したほうがいい**わけです。

実のところポーターの戦略には、前記の3つ（「コストリーダーシップ」「差別化」「集中化」）があるといわれていますが、集中化戦略というのは実はあまり意味がなくて、結局は「コスト×集中」「差別化×集中」の2つのうちのどちらか、なんですよ。

だから上司のあなたは、付加価値の高いところ、得意分野に特化する「差別化集中」をとりましょう。チーム全体としては、安い仕事はチーム内アウトソースをしたほうがよいわけです。ただし、付加価値業務もすべてあなたが抱えるということではなくて、チーム内で「競争優位」が最もあるメンバーに振りましょう。これもまた、チーム必勝の打ち手です。

Situation

〈Aくんと Bさん、それぞれ相談・クレームしてくることが違う〉

風見鶏部下をのさばらせない！社内政治一掃運動を徹底すべし

「いいひと上司」が部下同士のいざこざに巻き込まれたとします。

そういうとき、「一体どうしたのだ」と、部下に個別に話を聞く人がいますが、実はあまりよい方法ではなく、むしろムダであったりします。

One on Oneミーティングの罠にハマらない

考えてみれば当たり前です。

たとえば、AくんとBさんの間にいざこざがあれば、両者の間に反発心が起こります。互いに自分がかわいいですし、それぞれの言い分がありますから、Aくんが「Bさんがひどい」と言っていることについては、Bさん自身はひどいと思っていないし、逆にBさんが「Aくんはひどい」と思っているところは、Aくんはひどいと思っていないのです。

その話を聞いている上司は、どうでしょう。

Aくんの話を聞いているときは、「なるほど、そうか」

Bさんの話を聞いているときも「なるほど、そうか」

と聞いてしまいます。

真実はその間のどこかにあるはずなのに、個別に話を聞いていてはそれがわかりません。情報がゆがんでいるのに、個別に聞いていては、事実が見えなくなるのです。


また、**せっかく親身に聞いてあげても、報われないことがあります**。たとえば、Bさんと個別に面談をしたときに、上司から見てBさんのほうが非があると思って諭しても、Bさんが素直に聞いてくれない人であれば、「上司は私をかばってくれない、Aくんをひいきしている」と思われたりします。

たとえ、そのときBさんが本当は自分に非があると思っていても、個別論で箴言してしまうと、「上司はAくんの肩をもって、私はかわいがってもらえないんだ」という話にもなりかねない。上司のあなたとしては損な状況です。

結局、自分が割を食ってしまう可能性が高いのです。

個別の話を受けつけず、必ず皆で話す

こういう場合、「ずるい上司」のあなたとしては、関係者全員で一括で話をさせるのが得策であり、最も効率的・効果的です。

クレームはクレームとして受け止めて、相談内容を確認し、何があったかの全体像を把握して、関連した人を特定します。そして「みんなで話そう」と、その全員を集めます。前者の例では、AくんとBさんと上司とで集まって話をします。

こうなると、AくんもBさんも、起こっている事実を話さなければなりませんので、ウソはつけなくなります。それでもお互い頑張るかもしれませんが、ファクトではないことは言えない状況になるので、結局何が起こっているのかが丸裸になります。すると、本人同士で事実の共有確認ができるので、話はしやすくなります。

全体で話すと、感情的な議論になることもあります。だから、上司としては第三者の立場から、冷静にレフリーとして「感情的にならずに事実だけ話そうよ」「起こっていることは大切なことだから、ちゃんと共有してみんなでいい方向に持っていこうじゃないか」とクールダウンさせていくのが大事です。

こうした場のセットアップは上司であるあなたの役目です。

セットアップは、「自らが、常にオープン」

人間というのは本来政治的な生き物なので、何かあると政治活動をするものです。

しかし、政治的なことに現《うつつ》を抜かしているようだと、ビジネスを前向きに進める妨げになります。「ずるいマネジメント」を徹底したいあなたとしては、そんな無駄なことをするチームにはしないようにしたいものです。


そのためにも、まずはリーダー自らが「オープン」であることが必要です。

たとえば、上司がいつもこそこそとOne on One ミーティングをしていると、メンバーに不信感が蔓延します。「AさんとBさんで、それぞれとのやりとりで言っていることが違うじゃないですか」と言われてしまうようではNGです。

チームにきれいな、澄んだコミュニケーション風土を作りたかったら、まず上司のあなた自身が常にオープンでいることです。

人事やプライベートな相談は別ですが、通常の業務上で起こっているトラブルやメンバー同士、部門間のトラブルはいつも平場で話をするほうが健康的だし、変な遺恨が残りません。

何よりも、ねじ曲がった情報がまかり通らないチームなんだと全員に思ってもらうことが大事です。政治的な策が通ると思った途端、そういう人はそれを狙って動きます。反対に、**ここではそういうことをやると棚ざらしにされるから、やっても無駄だなと思わせることが勝利のポイントです。**

上司が自らきれいでオープン、自分の行動や仕事の進行を含めた情報共有もチーム全体で可視化するといったことが、すがすがしい組織を作ります。

そもそも、こうしたぐちゃぐちゃしたことって面倒くさいじゃないですか。だったら、すっきりと決着がつくような方法のほうが、面倒もありません。さばけた明るい会社の経営者や上司の方々は、もともと皆さんこういうタイプなのです。

POINT

個別面談拒否&自ら常時オープンに

Technique

「できる人」を選ぶな。「できる×できた人」部下を選べ

　こちらも新将命さんの常套句です。

「できる人」というのは、スキル・能力が高い人。「できた人」というのは人間力が高い人です。

　往々にしてスキル・能力が高い人は頼りになるし、周りも期待しがちなのですが、ここでいいたいのは人間的な成熟度や共感力が欠けていると、チームに不協和音を生み出したり、リーダーの言うことを聞かない、ということもありますのでご用心を、ということです。「ずるい上司」としては、優秀な人を使うときは、寝首をかかれないように、気をつけましょう。

　当然、「できないけれど、できた人」、つまり「業績が悪いけどいいやつ」は困りますが、メンバーの人間性は、自立型チームを作ろうとしているときに、どうしても欠かせま

せん。人格的な問題を抱えている人は、できる人であっても、扱い方に注意し、あまり遇しすぎないほうがよいと思います。

実際、人事制度を作るときにこういうお話をさせていただくのですが、業績給・賞与で報いる部分と、ポジション・役割で報いる部分は、仕分けなければいけません。昇進昇格要件は、要するに企業理念や価値観への共鳴度と職務の求める視座の理解・高さなど、いわゆる「できた人」かどうかの部分が重要です。ここがしっかり積み上がっている人をポジションとして上げていきます。

一方、業績を高く上げる人＝「できる人」は、半年なり1年なりの業績考課期間中に対する評価をしっかりとし、それを反映する次期の給与で還元します。**ただし、業績のみでその人のポジションを引き上げてはいません**。それは別の「できた人」のレベルによって行ないます。

この辺は、戦国時代の織田信長政権・豊臣秀吉政権から徳川幕府に至る時代もよくできています。戦で業績を上げた人は論功行賞（いまでいう賞与）で報いる一方、領主にするか藩主にするか、石高を上げるかといったことは、忠誠度合とかリーダーとしての資質といったところで決めていました。

できる人に対する業績に関する報いは、その期間中の給与でちゃんと還元しましょう。そのことと昇進・昇格は別の問題です。

権限委譲して、チームリーダーをアサインして、彼らにやってもらうところはやってもらう。これは、必ずしも「できる人」ではなく、どちらかというと方針を理解して、周りの人とよくやっていけて忠誠心のある「できた人」のほうがいいわけです。

Situation

〈○○さんばかり、えこひいきはやめてください！と言われた〉

徹底的に、えこひいきせよ！ コツは、「全メンバーをえこひいきする」こと

ある部下に目をかけてフォローしていたりするとき、「○○さんばかりケアして、えこひいきしている」と言われることがあります。

だからでしょうか、あんまりえこひいきしてはいけないから、メンバー全体に対して距離を持って付き合っているという上司の方を多く見かけます。

しかし、私見ではありますが、そんなの意味がありません。**徹底的にえこひいきすればいいんです！**

コツは、「全メンバーをえこひいきする」ことです。しかし、全員をまんべんなく、ということではありません。

頑張っている、頑張ってほしいメンバーをえこひいきすればいいし、そういう存在に全員がなればハッピーなのです。

「嫌いだから」という理由で目をかけなかったり、かわいいから、女子だからといったことでひいきしては当然いけませんが、率直にいえば、なかなか難しいメンバー、価値共有ができなかったり、動きが鈍いメンバーは、僕は別にえこひいきする必要はないと思っています。

差をつけないようにしている上司は、こう見られている

メンバーも一人ひとり自分をもった個人ですから、目をかけてもらえるのは嬉しいことです。

それなのに、みんな平等に、と考えて全員から引いてしまうと、全員が目をかけてもらっていないということになる。こうなるとすごく損です。**「俺たち・私たちのことはどうでもいいのかな」と思われることが多いのです。**

上司としては、ただ、人によって差をつけると不公平なんじゃないかと思っているだけだと思うのですが、部下は逆にとっているのですね。

結果を出していたり、きちんと頑張っていたりしている人に対して、上司が目をかけているという姿を見せることは大事です。それを見て、その他のメンバーも、自分もそうい

う風になりたいと思って、頑張るからです。

入れ替わり立ち替わり、えこひいきすればよい！

一方で、ひいきしきれないくらいひいきしたい人が何人もいる上司の方もいるでしょう（恵まれていますね！）。そういうときには、意識的に自主キャンペーンなど決めて、週替わり、日替わりでコミュニケーションをとるサイクルみたいなものを配分するのがよいですね。

今日はあいつが社内にいるから、あいつと話してみよう、明日は早期達成した彼女とランチして取り組みの工夫をほめよう、など。適宜順送りで、全員にえこひいきできるようになったらいいですね！　ただし、サイクルが長すぎて接触期間が開きすぎないよう、気をつけてください。

POINT

差をつけないようにするほど、上司は報われない

Situation

〈誰でもよいから、早く人を増やしてくださいよ！〉

間違った人を採用することは、人手不足の10倍の苦労をわざわざ買うことになる！

日本企業は、リーマンショック後に大幅に採用数を絞ったり、そもそもはバブル崩壊後からの失われた20年来、各社ともに人的リソースは不足気味でやってきている企業が多いですが、最近は成長企業・業種での人手不足が過熱している企業も増えています。

実際に、仕事が増えていて、メンバーからしたら1人あたりのやるべき仕事のボリュームが増えています。会社としても採用をして増員もされていると思いますが、自分のチームに人手が足りずてんてこまいしていると、メンバーから、「誰でもいいから、早く人を連れてきてくださいよ」と言われることもあると思います。すると上司のあなたも焦って、だれでもいいからくれと人事にお願いしたりします。

しかし、待ってください。

間違った人を採用することは、人手不足の何十倍もの労力・手間・負荷がかかりますから、絶対にやってはいけません！（幹部人材紹介を本業としている私が言うのですから、間違いありません！）

できない人をとると、当然手間がかかるわけです。組織も周りのメンバーたちも振り回されて消耗します。それなりの採用コストを払ってとった人材に、組織をぐちゃぐちゃにされては本末転倒です。周りにひどいことをしているわけではないけれど、仕事を立ち上げるのに手間暇が人の何十倍とかかる人であれば、お金を払ってわざわざ苦労と無駄なコストを購入してしまったということになります。

他部署からの異動受け入れもそうですが、我がチームに必要な素養や仕事力を充分持っている人なのか。そうでないなら、もし、今業務が逼迫《ひっぱく》していたとしても、いや、逼迫しているからこそ、採用すべきではないと思います。

採用の失敗は教育で取り返せない！

採用の失敗は教育でとりかえせません。

いくらいい教育をしたとしても、もともとの人材が求めているものとずれていたら、よい人材に育つことはありません。教育投資がザルになります。

だからまず採用。その上で適切な人にいい教育をすることで、はじめていい人材が育ちます。逆はありえないのです。

採用活動にメンバーを巻き込むことのメリット

だからメンバーにも、ムリに人材をとるとそういうことになるんだよということをちゃんと平素から理解させるということが大事です。

そして、もし採用をするなら、採用活動にメンバーを巻き込みましょう。企業の中にいると、採用した人は「降ってくる」と思っている人も多いと思うのですが、そうではなくて自分たちの仲間を迎え入れるということはどういう手間がかかって、どんなメリットがあるのか、逆にどういうリスクがあるのかということを、きちんと認識してもらいます。

さらに、採用に入って応募者を評価することは、自分の組織なり会社なりが求める人物像を考えることになりますので、教育効果もあるのです。

私の会社も、自社採用については概ね全社員に候補者を会わせています。面接のフィードバックもさせて、自分たち全員が一緒に働きたいと思うかどうかをすり合わせるようにして、採用を決めています。

もう1つのメリットは、採用活動に加わることで、自分の会社や自分の部署の仕事のことを応募者に語ることになるのですが、そこであらためて自分がやっていることの価値や自社の魅力、可能性を考えることになります。すると自社認識が自動的に上がり、自分の会社へのロイヤリティを高める動機づけにもなります。

また、割りきっていえば、これも部下たちが優秀な人材かそうでないかのフィルターの役割も果たします。たとえば、仕事への動機づけを失っていたり、仕事の力が劣っていて疲れているメンバーがリクルーターに入ったりすると、応募者に対して「うちなんかに入っても……」というような話をする人もいると思うのです。

上司としては、そういう話を好き好んで応募者に話すことはやらせたくないことですが、特定の部下がそういう状態だとわかることで、メンバーの人物評価、コンディション評価の機会にもなるのです。

POINT

これぞという人材以外は絶対に採用しない！

Situation

〈上司は元気で留守がよい?!〉
部下たちが勝手に目標達成したくなる「ずるいチームマネジメント」

上司の存在とは、部下たちからしてみると、もちろん頼れる存在としてフロアにいてくれることで安心するということもあるのですが、その会社の世代観や上司との距離感によっては、上司がいると緊張するといったこともあります。

お互いに緊張し合っている状態はもったいないですね。

だったら、むしろ、上司がいないくらいになれたらいいんじゃないでしょうか（笑）。

わかりやすい「目標」「ゴール」が人を動かす

そもそも上司はどんな責任があるのかというと、大きく分けて、**「意思決定責任」**と**「結果責任」**があります。一方、**部下の役割は、「実行責任」と「報告責任」です。**

ですから、たとえ上司が留守になったとしても、意思決定の責任は負わなければいけません。そのため、まずは当たり前なのですが、わかりやすいゴールと目標を設定しなければなりません。今期の、あるいはもっと先のビジョンについて、メンバー自身が奮い立つような、やる気になったり、動機づけされるような全体の目標を立てます。

大きなテーマは経営なり上司が投げかけますが、先ほどの衆議独裁のように、上から一方的に落とすのではなく、みんなでどうしたらいいかを考えさせることも、動機づけのある目標につながります。当人自身がやるべきことだけでなく、チーム全体・事業全体・会社自体の、それこそ大げさにいえば次の方向性を出させてもいいと思います。

ビジョン策定などをワークショップでやらせてみるのも有効です。カルロス・ゴーンさんのタスクフォースが有名ですが、当時の日産のリバイバルプランは、各部門の有志をクロスファンクションでタスクフォースに入れて立てさせたわけです。それが大きな現場のコミットメントにつながり、危機的状況から復活を果たしました。

理想は全従業員で、ということなのでしょうが、なかなかそうもいかないですし、全員が全員コンセプトメイクをする力と意欲を持っているわけではないので、多くはフォロワーでもいいと思います。それでも、そういう場があるんだよということと、同じ立ち位置にいる人たちが経営に提言をして受け入れられているということで、会社に対する視線はかなり変わってくると思います。

目標や採点は部下自身に決めさせたほうが、「次」につながる

一方、目標の実行後の採点は、部下自身にもさせるのが望ましいです。MBO（マネジメント・バイ・オブジェクティブ：目標業績管理）に近いのですが、組織の目標に合わせて、その中で個人の目標も決めます。

ただ単に、今期のキミの目標はこれだよ、と渡すよりも、本人に次の作戦を立てさせる。そして、その期の達成具合をちゃんと自己採点させる。大事なのは、何がうまくいったのか、何がだめだったのか、その理由は何か、それを次の半年にどう結びつけたいのかというところです。そこをちゃんと自分自身で決めさせて、実行、振り返りをさせて、その次の作戦をまたそこから目標立てさせてやっていく、というサイクルを回すことが、自走的な組織にする近道になります。

先に、人が決めたことはやりたくないものだというお話をしましたが、やはり自分で決めた目標は、なんとしてもクリアしたくなるものです。このサイクルを回すことで、上司のあなたがいなくても回る組織に変わっていきます。

「上司の得」と「部下の成長」の両方をとれる業務分担の妙

上司が持っている意思決定責任や結果責任は手放してはいけないものですが、ある面、その2つを部下に移譲してあげるのも大事です。何を移譲すればいいのかというと、単純にその部下がしている仕事に対しては、意思決定責任や結果責任を渡してあげる。それでも部下からすると、1つ上の責任と仕事ができるわけですね。

本来部下は、上司が決めたことを実行して報告するという役割ですが、部下が主体的に仕事に取りかかるためには、上司の意思決定と責任権限を委譲することです。すると、部下自身が、一部、経営者的な責任を負うことになり、動機づけができます。

リクルート創業者・江副浩正さんの〝社員皆経営者主義〟や、ユニクロの柳井正さんがいうところの〝全従業員総商売人〟という話は、そういうことです。

POINT

上司権限の一部を委譲し、「社員皆経営者主義」をうたう

Technique

効率的に正解にたどり着くには、「成功を借りる」アナロジー思考を学べ

「アナロジー思考」というとご存知ない方もいるかもしれませんが、要は具体ではなく、抽象レベルで事例を共有する、ということです。

たとえば、Aくんが飛び込み営業の資料の中に自分の写真を入れて、反応率が上がったとします。非アナロジー思考の人は、これを聞いて、そのまま資料に自分の写真を貼ろうとします。

一方、アナロジー思考の人は、そんなときでも**「なぜ、それが当たったのか考えてみよう」**ということをします。

よくよく見てみれば、Aくんは奥さま相手のコスメの販売をやっていて、しかもAくん自体がイケメンであり、写真を見て、一度会ってみたいわ、と思われたのかもしれません。だとすると、法人向けの営業でいかつい顔のBくんが、同じことをして成功するかどうか、ということです。

抽象的に考えれば、Aくんは「お客様が、会ってみようかな、と思ってくれる情報を提供する」ということをうまく実行できたのだといえます。だとしたら、いかつい顔のBくんが法人セールスにおいて「お客様が『会ってみようかな』と思ってくれる情報を提供する」ためには、一体何をすればよいだろうかと、この解決策を、今度は具体的に考えるわけですね。

ヒットしたものをまねるという方法はたくさんありますが、おおもとの要因を具体から抽象に遡って（Aくんの写真＝具体→お客様が会いたくなる情報＝抽象）、そこからまた抽象から具体に降ろしていかないと、かえって非効率になります。

マネをするときは、抽象レベルのコピペでマネをする。これができるようになると、メンバー個人個人が相当高い次元で成功事例を効果的に使えるようになります。

Technique

個性豊かな「動物園型」チームをいかに動かすか

チームの中に個性豊かなキャラ立ちした人たちが集まって、「うちは動物園みたいだ」と悩む上司を見かけます。しかし、バリエーションはチームの強さにもつながります（いわゆるダイバーシティ論は、これを指していますね）。価値観が合ってないと困りますし問題も出ますが、いろんなメンバーがいたほうが全体の力は強まります。

「最強チーム」と**「最適チーム」**という考え方があります。

簡単な構造だけでも知っておくと、「ずるい上司」のあなたの武器になるでしょうから、この章の最後に伝授いたします。

「最強チーム」とは、同じキャラクターが揃ったチームのことを指します。同質性が高い（要するに、似た者同士）ので、あうんの呼吸で即動けるのが特徴です。

「最適チーム」とは、異なったキャラクターが揃ったチームです。多様性があるので補完的な役割を分担し合いながら、全体の効果性を高めることができます。ただし、バラエティーに富んだ異なるタイプが集まっているだけに、チームがお互いを理解し、しっくりくるまでに少し時間を要します。一気呵成に攻め込もうとするには、エンジンが温まるまで時間がかかり過ぎるというリスクもあります。

「最強チーム」と「最適チーム」は、プロジェクトのスパン（期間）によって、およそこんな風な使い分けができます。

・短期決戦型プロジェクト

これは同じキャラクターがいたほうが強いです。数か月の短期でプロジェクトを完遂させる場合は、同質性の集団である「最強チーム」を編成するのがよいでしょう。

・通常業務

通常の業務は継続的ですので、補完関係ができたほうが強いチームになります（「最適チーム」）。攻め型の人、守り型の人、管理型の人など様々なタイプの人がうまく組み合わさって、助け合えるチームのほうが、中長期的には強いです。

短期決戦はなるべく似た者同士、長期戦は多様性があり、補完関係を持ったチーム作りを。こんな視点を持っているだけでも、目の前のチーム作りへの取り組み方が、変わると思います。

Chapter

5

「困った部下」との付き合い方

ずるいマネジメントの使い分け

仕組みとしてうまくチーム運営を仕掛けても、残念ながら、ぽつりぽつりと出現するのが、「困った部下」。彼らは、その元々の性格のせいで、どんなにうまくチームを運営しても、あいにくと望み通りの動きをしてくれることはありません。

この章では、上司の皆さんが直面しがちな、「困った部下」について、タイプ別の対処法・撃退法を伝授してみたいと思います。

Technique

「腰の重い部下」には、小さな成功体験を積ませる

やれといってもなかなかやらない。

決して悪意があったり、反発したりしているわけではなさそうだ。

手を替え品を替え、「できた？」「やった？」「どう？」「進んでる？」「早くやれよ」

「……おいおい」「何してんだ！」。

ついにはこちらがぶちギレる……。

いけません、いけません。これでは、ずるいマネジメントどころではありませんね。さて、どうしましょうか？

悪気はないのに腰の重い部下。彼らの問題は、手順・段取りを自分で設計することが苦手で、時間軸の意識が薄いことにあります。こうした部下には、いくら「やれ！　やれ！」とお尻をたたいても、一歩も前に進むことはありません。

こんなときは、

「小分けにする（チャンクダウン）」

「小さな一歩を、毎日与える（ベビーステップ）」

が有効です。

まずは、「今日できることを決めてあげて、やらせる」。

本来は、「このクオーターの目標はこうだから、どう達成しよう」と自走するチームを目指したいわけですが、いきなり大きな目標を渡されても、そこまでの道のりを消化できない人はいます。

だからこそ、資料を作るとか、電話をするとか、一番ブレイクダウンした状態の仕事を具体的にあげて、「今日は何をする」「今週何をする」ということを、ちゃんと設計させます。

繰り返しますが、結局こういう人は、時間意識が薄かったり、段取りの設計が苦手な人がほとんどです。そういうことができないがために、「自分で設計した仕事のやり方で成功する」という体験も持っていません。

なので、**まずは仕事の一番小さなところからプロセスを踏ませる「小さな成功体験」からスタートです**。今日できたね、明日もできるね、と結果が出てくれれば、その人もそこから「成功」を学べます。

また、こういう人は「やれ、やれ」と言われると、精神的なプレッシャーを感じて金縛り状態になってしまい、よりできなくなってしまうもの。

仕方ありません、急がば回れです。最初は上司の負担はありますが、できるところから少しずつやらせてみて、最終的に他のメンバーと同じく自走できることまで辿り着いてもらうことを目指しましょう。はあ……。

Technique

「失敗が怖い部下」には、〝なさざるの罪〟を伝える

どうしてもビビってしまう、メンタルが弱い、という人は、当然どこにでもいます。叱られたりしてビビる度合いは人によって違いますし、ストレスをかけると生産性が落ちるのは、できる人でも一緒。

ただ、「失敗が怖い部下」は、極度に失敗を恐れるがゆえに、そもそも業務にチャレンジすることができません。「なんでやらないの」と聞くと、あれやこれやと理由をつけて言い訳しますが、要するに（「なんだよ……怖いよ……やってしくじったら、どうしてくれるんだよ……」）と立ちすくんでいるのです。

こうした、失敗が怖い部下には、基本的には「やれ」と叱りつけるよりも、**「なさざるの罪」**を伝えていきましょう。

会社としては、手数を動かしてもらわないと困ります。失敗が怖いから提案もしない

し、行動の量も少ない。そんな「やらずに失敗もしない人」より、「やって失敗する人」のほうが、断然いいわけです。

逆にいえば、意図的に失敗をほめていく。行動した勇気をほめてあげる、のが効果的です。実際にスリーエムなど新規事業開発を重視している会社は「チャレンジして失敗することを評価する」制度を持っていることが多いですね。

前出の新将命さんはこう言います。

「大禍なく過ごした人に大功はない」

まさにこの精神を知ってもらいたいものです。

「レジリエンス」を鍛えて回復力をつける

最近注目されている、「レジリエンス（回復力）」。その考えにのっとれば、次の3つを提供することでレジリエンスを高め、メンタルタフネスを養成することが可能です。

1 「有意味感」（やりたい）

部下が「やりたい」と思えるテーマをしっかり与えます。

2 「全体把握感」（見える）

全体で何を作っているのかを見せずに、部分でねじを回してばかりだと不安になります。大抵の仕事は何かの仕事の1つのパートでもありますが、その中で自分がどんなパートを担っているのかがわからないとモチベーションも持てなくなりますよね。

たとえば、間接部門などではよくありますが、資料作成の仕事をしていても、それだけだと、自分は何の仕事をやっているんだろうと不安になります。そのとき、その資料はお客様にどのように提案されて、どんな反応が期待され、どんな商談獲得につながっているのかを作成者に説明・共有してあげると、全体把握感を与えることにもなり、また、自分がしている仕事の意味＝有意味感ともつながります。

3 「経験的処理可能感」（できる）

成功体験を積んできている人は、仮にまったく新しいことをやろうとしたときにも、なんの確証もないにもかかわらず、本人はきっとやれるだろうという（勝手な、幻想の）確信感を持っています。実際にこういうときは、楽観的に勘違いしているくらいの人のほうが強かったりします（笑）。

ただし、この感覚を持つには、成功体験を積むしかありません。手足が動かない人については、前述の「ベビーステップ」で、小さなことからでよいので何かをきちんとやりきった経験を積ませるしかありませんね。もしくは、過去の成功体験を思い出してもらいます。大学時代でも子供の頃でもよいので、人生の中で何かうまくいったことを振り返り、「自分にもできる」という感覚を持ってもらうこともできます。あるいは、本人は大したことだと思っていなくても、「以前、この仕事はできたじゃないか」と投げかけてあげることはできるんじゃないでしょうか。

「首尾一貫感覚」を持たせてあげる

首尾一貫感覚（SOC：センス・オブ・コヒーレンス）を持たせてあげることも重要です。首尾一貫感覚とは、要するに、起承転結がきちんとつながるか。原因と結果の法則ではないですが、「こういうことをやれば、次はこうなる」と、かかわっている人が信じられる状態のことです。

トップがぶれることの何が悪いのかというと、まず1つに、戦略がぶれて何がやりたいのか部下がわからなくなるという問題があります。また、それに加えて、メンバーたちに

図表 5-1　失敗が怖い部下への処方せん

「レジリエンス」を鍛えて快復力をつける

- 「有意味感」……やりたいテーマ
- 「全体把握感」……全体の中での自分の役割がわかる
- 「経験的処理可能感」……「できる」という確信

「首尾一貫感覚」を持たせてあげる

「こうすれば、こうなる」と信じられる状態を作るとっては、今日やろうといっていたことがそのまま担保されないことが深刻な問題となります。今日「当社はこっちに向かっているんだ。会社の方針として取り組んでいるんだ」と言われていたのに、明日になったらいきなり違う方針が出てくるということでは、メンバーは、「やって意味があるのか」という無力感とストレスを抱えてしまうのです。

「自分に自信が持てない」「できない」ということは、過去の経験や家庭の問題などのトラウマを精神的に抱えてしまっているのだという話もあります。しかし、Ｃｈａｐｔｅｒ６でいくつかの理論をご紹介するアドラー心理学によれば、どんなひどい状態が過去にあったとしても、「ひどい環境だったから、こんなひどい自分になってしまった」という深刻な状況の人もいれば、「ひどい環境だったから、いまこんな風に自分は頑張れている」というハッピーな状況の人もいます。つまり、原因は直接的には関係なく、未来に向かって自分がどんな目的を持ち、行動しているか、という自らの選択によるのです。

失敗が怖くて行動できない人については、これらのようないくつかの方法を活用し、彼・彼女が持ってしまっている失敗の怖さをどう取り除いてあげて、タフネスを作ってあげるかがポイントになるのです。

Technique

「誰からも嫌われたくない部下」に伝えたい3つのこと

いわゆる「いい顔しい」の部下、というのも、度が過ぎると困った人になります。嫌われたくないがゆえに、上司のあなたにも「おっしゃる通りです！」で、反対意見を持つメンバーにも「そうだよなー！」

部長がまた別のことを言えば、「まさにです！」

社長が無謀なビジョンを語れば「一生ついていきます！」

他意なく同調し、当たり障りないレベルで皆と仲良くしている範囲ならまあ、放っておけばよいのですが、こと業務を進めるにあたり、「風見鶏」になられると、やるべきことがねじれたり、あちらを立てればこちらが立たずで動きが行きづまってしまったりと、何かと問題を引き起こしますから放置できません。

また、こうした「いい顔しい」の部下もまた、他人の顔色が気になりすぎて立ちすくみ、仕事の進みが遅かったり、自分の意見を主張できなかったりで、「困った人問題」を多く起こします。

さて、どうしたものでしょうか。

嫌われたくない部下には、ぜひ、以下の3つを教えてあげましょう。

1 嫌われない人は、この世に存在しない

2 他人は自分が思うほど、あなたのことを気にかけていない

3 他人の意見に振り回されていると、そんな自分が自己嫌悪に陥る

嫌われたくないから風見鶏になってしまう人は日本人には結構多いのですが、「100%嫌われない人はいない」「逆にいえば100%好かれない人もどこにもいない」ということを私たちは等しく、もっと意識したほうがよさそうです。その上で、人の顔色を見て動くのではなく、自分の軸で動く。

このタイプの人には自意識過剰な人が多いのですが、「君が意識しているほど、周りの人は君のことを常に見てはいやしないよ。きみ自身が、どれくらい他の人の動きや言動をいつも注目しているか考えてごらん」、と言ってあげてください。

結局、周囲に動かされているのか、自分で主体的にものごとを動かしているのか、ということは、その部下にとって「いい状態で働けるようになる」とか「成長していける」といったことのカギになります。

自分が舵を持たない限り、周囲に流され続けるだけになってしまいますよね。チームとしても、部下たち自身がそれぞれ自立して、主体的に動けるようになっていたほうがよいわけで、そのためにもきちんと自立させましょう。

嫌われたくない部下は、何かやるときに「こんなことをしたら嫌われるかも」と思っているかもしれませんが、**「絶対認めてくれる人はいる。その上で自分の軸で動くと、周囲に理解されやすいよ」**と話してあげるとよいでしょう。

風見鶏部下、撲滅キャンペーン、頑張ってください！

Technique

「認めてほしい部下」をほめすぎると不感症になる

「私、ほめられて伸びるタイプなんです」。こういう部下、多いですね（笑）。ほめること自体は悪いことではありません。が、ほめ過ぎはあまり望ましいことではありません（えっ？　と疑問に思いました？）。

Ｃｈａｐｔｅｒ２で内発的動機・外発的動機をご紹介しましたが、「賞賛・ご褒美を与えること」は、実は心理的には「罰すること」と同じ位置づけの行為で、いずれにせよ、外発的動機づけなのです。これはいずれ、与えた人の依存症を引き起こします。

部下は、ほめられることが動機づけになると、そこから「ほめられることについて不感症」になっていくので、**ほめればほめるほど、同じほめられ方では満足できず、もっとほめてもらわないと喜べなくなっていきます**。際限ない、ほめの増量大作戦を、上司のあなたが選択するというのも1つの権利ではありますが、まあ、それを永遠に続けるわけにもいきませんよね。

「認めてほしい部下」に対する上司の態度は、本来、**話をしっかりと聞いてあげることが基本です**。ただし、特別扱いをすることは依存度合いを高めていくトリガーにしかならないので、あえて少し引き気味で、淡々と接するほうが望ましいです。

声をかける、話を聞いてあげる頻度を一般社員よりも多少は多めにする。

が、特別扱いは状況を悪化させるのみ。

冷たい態度ではなく、飄々と「普通扱い」をするべし、なのです。

上司のあなたとしては、「認めてほしい部下」だけに過剰に時間を使い続けたいわけではないと思いますので、存在を認めてあげることはした上で、平素はあえて距離をおいてもいいと思います。

ただし、マズロー的にいうところの**「安全欲求」「所属欲求」**の部分を満たすことは大事です。「目を合わせる」「微笑む」「名前を呼ぶ」、こうした基本的なコミュニケーションを保ち、「ああ、自分もうちのチームの中の、頼りがいのある一員だと思われているんだ」ということをわかっていてもらえれば、それで充分。さほど迷惑や手間をかけられる存在ではないでしょう。

Technique

「余計なおせっかい部下」には、その人の役割を確認してあげよう

人に対して無用に教えたがったり、必要以上にサポートしたりしたがる人。

他のメンバーとの間に介在することで、自分の居場所を確保し、自己重要感を満たします。

これは、存在感、影響力や自尊心を保ちたいという現われです。

こうした「余計なおせっかい部下」は年配社員に多く、特にあなたが年下上司だったりすると出現率が高まるでしょう。

このタイプの困ったところは、介入を断るとキレたりするところです。

もちろん、いいアドバイスをくれるのであれば、それはありがたいことなので、一律にやめろという必要はありませんが、明らかに過剰な介入に対しては、穏やかに「いま、大丈夫です」「(第三者の部下などに対しての行為について) 彼・彼女が自分でやりますから

大丈夫ですよ」と、遠慮せずに仕分けるのが望ましい対処法です。

確かにそういう人が不安になる気持ちもわかるのです。その年まで昇進の機会もなく、周りは若い人ばかりになり、上司も自分より年下です。

であれば、その人に対しては、**「あなたは、チームの中でこういう役割を担ってもらいたい」**という位置づけを確認し、承認欲求も満たしてあげることが大事ですね。

年下上司のあなたが、積極的に頼ってあげることも効果的です。「余計なおせっかい部下」は、あなたに頼られることで、大いに自尊心と自己重要感を満たし、逆に積極的にあなたの味方として動いてくれるでしょう。

この逆転劇を獲得できれば、ずるいマネジメントとしては、自走チームに心強い参謀を得たことになりますので、しめしめです（笑）。

Technique

「キレる、モンスター部下」には、あくまで淡々と接する

このタイプ、会社にとっては最も怖い人です。

本当に話が通じません。

意外と頭がいい人にも多くて、MBAホルダーであることもあります。

頭はいいが、人格的成熟が足りていない。

評論家・批評家タイプで、周囲にガンガン〝正論・べき論の槍〟を投げまくるような人です。これも承認欲求の1つの現われですが、「相手に勝ちたい」という気持ちが大きいようですね。異常なのは、攻撃的コミュニケーションに、自分で自分の感情の高ぶりに油を注ぎ、感情爆発の火を引火させ続けるところです。自分でも自分の感情を止められなくなる場面が、多々見受けられるのがこのタイプです。

「キレる、モンスター部下」からふっかけられた上司や周りの人が、一番よくない対応は、まともにその人を相手にすることです。同じ土俵に入ると、彼らのツボにはまってしまうので、**あくまでも淡々と接するようにしましょう。**

彼らが振りかざす小賢しい「べき論」は、案外浅はかです。仕事の本質がわかっている上司のあなたとしては、すぐ反論したくなると思います。しかし、こういうタイプは、間違ったことを言っていたとしても、頭ごなしに言わないようにします。言うことも、必要なことだけに絞り、落ち着いた口調で、ゆっくりと話すように努めましょう。

感情的にスイッチが入ると、情動に情動を重ねて、エスカレーションしてしまうので、こちらとしてはクールダウンさせ、落ち着いた口調で対応するのが肝要です。

仕事のミスで逆ギレしやすいのもこのタイプです。「言ってくれなかったじゃないですか」などとすぐ言います。もちろん、こちらの失態があったとすれば、「伝えてなかったな、ごめん」でいいですが、こういう人は手練手管で事実をねじ曲げて話しがちです。優等生タイプが多いので、自分がミスしたことに対して過剰反応しがちなのですね。はりねずみの心理状態で、失敗を認めたら負けだ、恥ずかしいことだ、という考えを根底に持っています。

だから上司としては、「それをあげつらって笑いものにしようという意図は、こちらにはないよ」ということをちゃんと伝えることが大事です。

ミスがあったときも、頭ごなしに「なんでできてないんだ」と言わずに、どういう状態なの?と事実を事実として相手から言わせ、その上で「じゃあどうしようか」と冷静に会話をすることが必要なのです。

承認欲求が強くてキレやすい人というのは、平素から職場の雰囲気をピリピリさせるので、対処に手間がかかる厄介な存在ですが、そんな周囲の迷惑をよそに、人の感情には鈍感で、自分自身に非常に敏感。何かというと、いちいち自分自身の人格否定につながって受け止めがちです。

そもそもは、もちろん、誰に対しても、怒るときに人格否定をしては絶対にしてはいけませんが、このタイプに対しては、より「**君のキャラクターや能力を非難したり、さげずんだりしているわけではないよ。ただ、こういうやり方が違っているんじゃないかな**」と、人格が問題なのではなく、やり方や手順について指摘しているのだということを、ことさら強調して会話したほうがいいでしょう。

逆に、うまくいったときは、あえて人格をほめてあげます。「君という存在がすごいね」と言われると、モンスター部下の溜飲が下がります。ただし、あまりやりすぎると依存症になる危険があることには注意をしてくださいね。

なお、ここでの話は、大前提として、「性格的にはどうしようもないな」という人のケースです。そうでない人には、全能感を与えたりすることは望ましいことではありません。

自分の存在を認めてもらえば暴発はしない

ともあれ、「テロリスト化する危険」をチームに内在させるのが、このタイプのなんとも悩ましいところですが、テロ化する原因は「自分の気持ちを受け止めてもらえていない」という寂しさや怒りがあります。

自分が認められる居場所があり、みんなが前向きに自分の存在を受け止めてくれているという状況があれば、暴発はあまりしないものです。

日頃から彼・彼女の言動や素行については注意しつつ、温かいコミュニケーションと明るい職場ムードを保つよう気をつけましょう。

長い目でみれば、性格が変わってくるケースもあります。たとえば、ある会社で優秀だけれどキレやすい女性がいましたが、キレる自分が恥ずかしいくらいにみんなが精神的に安定している組織にい続けたことで、その彼女の性格は変わっていきました。

＊　　＊　　＊

「困った部下」の対処をご紹介しましたが、そもそも、組織のリスクを深刻に考えなければならない人が紛れ込んでしまっているケースもあります。こうした部下の存在がわかったら、早めに人事、ベンチャー・中小企業であれば社長に、また社長ご自身は外部の専門家に相談することをお勧めします。

Chapter

6

アドラーに学ぶ 忙しさで消耗しないための 心の整理術

Technique

リーダーだって「ありのままの自分」で

「にんげんだもの」。

ご存知、相田みつをさんの名言。世の多くの老若男女の気持ちを救ってきた言葉ですが、まさに、**「上司だって、にんげんだもの」**。神様じゃないので、すべてのことがわかるわけではないし、辛いときだってあるし、怠けたいときもある。嬉しいときもあるけれど、泣きたいときだってありますよね。

どうも、上司になった途端、あるいは自分で創業して経営者になった途端に、全知全能の神のような存在にならなければならないような気になるものですが、ここはひとつ、「ずるい上司」としては、**思い切り、肩の力を抜いて、自然体でいこうではありませんか。**

２０１４年、日本を、世界を席巻したディズニー映画の主題歌がありました。皆さんも口ずさんだことと思います。

まさにあの歌の歌詞の通り、「ありのままの自分」になって、何も怖くない！と思うべきなのは、平成女子だけではなく、上司の私たちだって同じです（もちろん、女性上司も！）。

映画の中のエルサは変わりましたが、上司だって、自分が変わろうとすれば、変われるんです（オジサンの顔をイメージしながらこの歌を歌うと、ちょっと怖いですけど）。

この章では、ずるいマネジメント実行のための環境整備として、上司である私たち自身のあり方について、ちょっと考えてみたいと思います。どこまでやれるか、自分を試し、変わってみませんか？

「いまの立場が辛い、向いていない」のホント？

上司のあなたも、もしかしたら、いまの職場運営や職場の人間関係が必ずしもうまくいっていないことにお悩みで、「しんどいなぁ……やってられないなぁ。上司失格かも……いっそのこと、思い切って転職したほうが楽かなぁ」などとお考えかもしれません。

そのような際は、当社まで、まずは転職ご相談の一報を……。

とまあ、早まる前に、少し考えてみましょう。

なぜ、いま、あなたは、いまの会社・職場で現在のようなポジションにいらっしゃるのか？

いま、あなたがここにいるのは、これまでのあなたのキャリアの積み重ね、総決算。そうではありませんか？　新卒で社会に出てからいまに至るまで、1つの会社でずっと同じ部署にいたのであれ、何度かの異動があったのであれ、あるいは1度、2度と転職をしてこられたのであれ、あなたが働いてきたことの帰結として、いま、あなたはここにいらっしゃるわけです（しかも、しかるべき管理職・経営職という立場で）。

もしいま辛い状況だったとしても、すべてが悪いことばかりの積み重ねではないはず。何よりも、これは、あなた自身が選択してきたことなのですから。

「そうはいっても、いまの職場での状況はひどいんだよ……」

待ってください、よく考えてみてください。

あなたがいま持っている職場への不適応感は、あなたの会社が決めたものではありません。あなた自身が、感じているもの（＝決めているもの）です。つまり、あなた自身が「意味づけ」していることなのです。

少しキツい言い方をしますと、**「いまのあなたの状況は、すべてあなたが選んできたことの帰結点であり、また、あなた自身が（勝手に）思っていること」**なのです！

ということで、そうであれば、そんな自分を、まず丸ごと受け入れてみませんか。過剰に肯定的になる必要はないと思いますが、否定的になる必要もありません。

まず、ここまで歩んできた自分を、まさに「ありのままで」受け入れてみましょう。その上で、大事なのは、過去を思い悩んだり悔やむことではなく、これからの未来について、「さて、では、どんな風にしてやろうか」と企むことです。

「他人と過去は変えられないが、自分と未来は変えられる」、というフレーズを聞いたことはありませんでしょうか。そう、**自分と未来は、自分の思いのままに変えられるのです！**

上司として存在するあなたには、いまここにいるそれぞれの意味があります。そして、ここから先、どのような未来を切り開くのかについて、その選択権は、会社でもあなたの上司でも部下でも関係者でもなく、完全に「あなた自身」の手の中にあるのです。

Technique

どうしても肩に力が入ってしまうなら、「社会的自己意識」を下げよう

上司のあなたは、もしかすると、部下や社長やお客様、協力会社から常に注目される立場がゆえに、どうしても肩に力が入ってしまったり、精神的な緊張が抜けなくなっているかもしれません。

59ページでご紹介したＥＱ理論の24の素養の中に「社会的自己意識」というものがあります。これは、「自分が周囲にどのような人間として映っているのかを知ろうとする」素養で、これが高い人は、自分が周囲からどう思われているかに関心が強く、周囲の目や世間体を気にしがちで、自分に対する周囲の評価を軸に、周囲の期待に沿った行動をとろうとします。

一方、低い人は、自分が他人からどう見られているかに関心なく、他人からの評価もあまり気にしません。他人からの評価よりも、自分がどうしたいかで行動することが多い人

です。

もちろん、どちらが良い悪いということではなく、人が持つ特性にすぎませんが、こと、リーダーということでいえば、「社会的自己意識」は低いほうが望ましいといえます。なぜなら、上司であるあなたは、決して周囲におもねる行動を起点とすべきではなく、自らの軸や考え、信念に基づいた行動をとることが望ましいからです。

周囲の評価や見られ方に揺さぶられてしまうようでは、一貫性のあるリーダーとしての行動は難しくなります。

起業家や変革型リーダーの方々はもともと「社会的自己意識」が非常に低い方が多いです。僕はよく言うのですが、**「周囲のことには敏感で、自分自身については鈍感力が高い」タイプが、起業家や変革リーダーの皆さん**です。

かたや、比較的大手企業の中間管理職の方々には「社会的自己意識」が高い人が多い傾向にあります。学生の頃は親の言うことをよく聞く優等生タイプで、企業人となってからも会社や周囲からの評価を軸に生きてきた方が多いことによると思われます。

上司であるあなたとしては、周囲からどう見られているか、を過剰に気にするようなことは、自分の心の健康のためにも、今後のリーダーとしての成長と活躍、成功のためにも、極力減らしていきたいところです。

では、どうすれば「社会的自己意識」が高い人が、これを下げることができるでしょうか。

1つの方法として、**「とにかく、いま取り組むべきことに集中する」**ことが挙げられます。「周囲の目を気にするな」と言われても、なかなかそうは問屋がおろしませんよね。しかも、人の意識というものは、「するな」と言われると、逆にそのことに意識がいってしまうものです（有名な心理学の実験に「シロクマの実験」というのがあります。「いいですか、これから絶対にシロクマのことを思い浮かべないでください！」と言われると、私たちは必ずシロクマのことを思い浮かべてしまいます）。

どうしても周囲の視線に目がいってしまう人は、そのことをあれこれするよりも、「いま・ここ」にある目の前の課題・テーマに集中する癖をつけるところから、はじめてみましょう。

Technique

「上司であるあなたの問題」と、「部下の問題」を切り分ける

これまでも見てきたように、部下の相談や悩みにどのように乗るかというのは、非常に重要な問題です。「(一見) いいひとマネジメント」と「ずるいマネジメント」の違いが、わかりやすく現われるのが、この部分かもしれません。

せっかく部下の相談に乗ってあげたのに、言うことを聞かない。「なんでだ」とあなたはイライラするでしょう。あるいは部下の心配事に、自分も感情を揺さぶられ不安になったり悲しくなったりする。これらは「(一見) いいひと上司」の共通の姿です。

では「ずるい上司」の態度は、どうなのか?

部下が自分のアドバイスを聞かない。部下が不安や悲しみに苛まれている。これらはす

図表 6-1　上司の問題と部下の問題を切り分ける

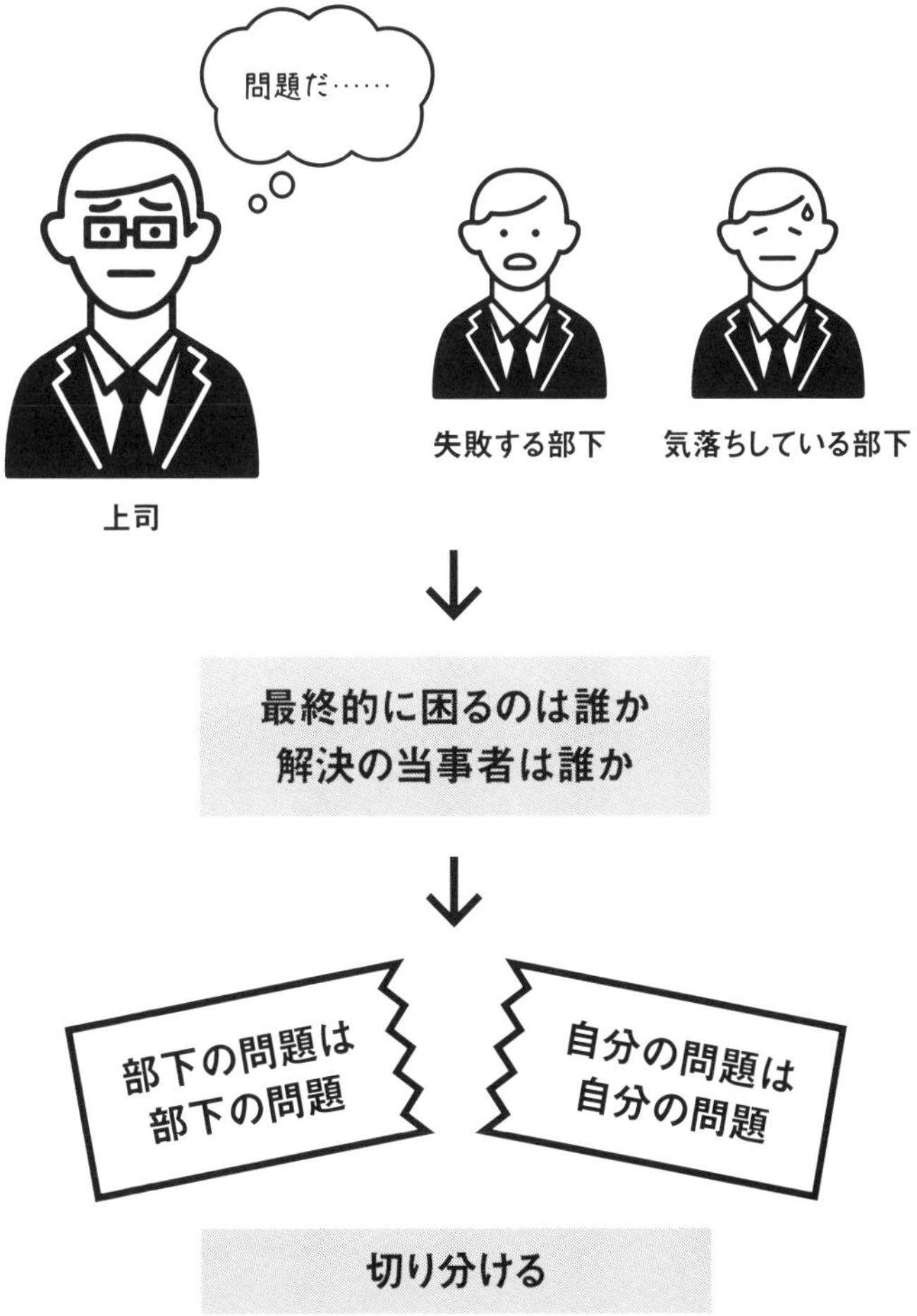

べて、「部下の問題」であって、「あなたの問題」ではないのです。

これを、最近注目されているアドラー心理学では、「課題の分離」といいます（アルフレッド・アドラー、1870～1937年　フロイト、ユングとともに心理学の三大巨頭の1人。「自己啓発の父」と呼ばれ、『人を動かす』等のデール・カーネギーや『7つの習慣』のスティーブン・R・コヴィー博士、コーチングやNLPの理論などにも影響を及ぼしているといわれる）。

上司である私たちが、心の中でつぶやくとよい自問自答フレーズがあります。

それは、

「このことで、最終的に困るのは誰なのか」

「この問題の、解決の当事者は誰なのか」

です。

あなたのアドバイスを聞かず、もしかしたらそれで失敗するのは「部下」であって、「上司であるあなた」ではありません。いつまでも不安にまみれていたり、悲しみに暮れているのは「部下」であって「あなた」ではありません。

部下の相談に乗り、アドバイスを与えたり、部下の不安や悲しみへの相談に乗ってあげるのは「上司であるあなたの問題」です。誠実に対応してあげたいものですし、実際にそうされていることでしょう。

しかし、その上での彼・彼女のアクション自体は、あなたがどうこうできるものではなく、部下自身の選択なのです。


ここを仕分けず混同したり、自分の意図通りにコントロールしたいという欲求を持つから、私たちはイライラしたり感情的に巻き込まれたりするのです。

「馬を水辺に連れていくことはできても、水を飲ませることはできない」

という諺があります。

私たちは、水辺まで馬を連れていくことはできますが、実際に水を飲むか飲まないかは馬の選択であって、私たちがどうこうできるものではないのです。

自分の問題と相手の問題を分けて扱う。これもまた、大事なことです。

Technique

同期は敵か、味方か？

仕事において、気のおけない仲間というものは、心の拠《よ》り所としてもとても大切なものです。特に入社同期、年齢が同世代という同期などは、世代価値観も等しいため、精神的に頼りになるものです。

ただ、いくら普段は気心知れた同期だからといって、それに無条件に甘えたり依存したりすることはリスクを伴うのだということは、意識しておきたいものです。

こと、仕事において〝気の使い合いゲーム〟〝仲良しクラブ〟には気をつけたほうがよいです。切磋琢磨になっていればよいのですが、「いいひとマネジャー」の場合、「出すぎない」「自重する」圧力が往々にして働きがちです。

「ずるい上司」としては、「出すぎると嫌われる、妬まれる」といった圧力の罠にはまらないよう、気をつけたいものです。そのようなことで、実力を発揮できるところで力を抑え込んでしまったり、好業績を出すことをはばかるようなことは、あなたの仕事人生の可能性を極大化することへの妨げにしかなりませんから。

ここでも先にご紹介した「課題の分離」が役立ちます。

同期があなたを妬んだり嫌ったりするのは、「同期である彼・彼女の問題」であって、「あなたの問題」ではありません。

同期に限った問題ではなく、あらゆる場面に通じることですが、人は誰しも100％好かれるということはありませんし、逆に100％嫌われるということもありません。

初の黒人大統領となったオバマであれ、かつての小泉純一郎首相、また民主党から与党奪還した安倍晋三首相であれ、最盛期に高支持率を誇ったといえ、その支持率は60〜80％です。圧倒的支持率といっても、不支持は20〜40％も存在するんですから、周囲にちらほら〝不支持〟が見え隠れしたとしても、大したことじゃないですよね。

出すぎて妬まれたり、嫌われたりしたらどうしよう……。そんな無用なことを考えるくらいなら、やはり「いま・ここ」、目の前の業務課題、事業課題にのみフォーカスして、ときに粛々とこなし、ときに一気呵成《かせい》せいに走りましょう！

Technique

何がなんでも、上司を味方につけよ！

上司であるあなたにとっての、その上司との関係性は、ないがしろにしてはならない重要テーマです（社長であれば、オーナーや株主との関係性でしょうか）。

人が職場に不満を持ったり、転職したいと思う9割方の理由は「上司に対する不満である」と言われます。

私も、日々お会いしているエグゼクティブの方々から、現在所属している会社の上司や社長に対する恨みつらみを滔々と聞かされることがあります（幸いなことに、私がお会いしている方々の中では、こうしたネガティブ派は少数派ですが）。

「社長の方針が間違っている」「上司が自分を信頼してくれない」「勝手な方向に事業を進める」……。

昔、ある有名企業の経営企画部長の方から、いかに自社の経営陣が無能か、戦略を間違えているか、自分の意見を取り入れないなんて信じられない、ということを機関銃のように聞かされたことがあります。正直、非常に嫌な気分になりましたし、私が彼の上司であれば、絶対に一緒に働きたくないな、と感じました。

もし、残念ながら、あなたとあなたの上司の関係性が、良好なものではなかったとして、ひとつ確実にいえることは、**あなたが上司を打ち負かすことで、あなたが勝利することはない**、ということです。

あなたの敵対行動は、上司からの反撃を誘発します。つまり、上司が本書の読者のような方ではなく、一般的な「反応的な」上司であった場合、次のような「不適切な行動」(=望ましいとはいえない、悪しき行動)プロセスに至ります。

アドラー心理学では、「不適切な行動」には4段階の目標(ゴール)があるとされています(ルドルフ・ドライカース提唱)。第1のゴールが「注目」、第2のゴールが「権力闘争」、第3のゴールが「復讐」、第4のゴールが「回避・無気力の誇示」です(175ページ図表6－2)。

最初は自分に注目を集めるために問題を起こします。しかし、それがうまくいかないと、次はどちらの力が上かを示す行動に出て、それでも思う通りにならない場合は、さらに不適切な行動で相手に復讐しようとし、最後はかかわりを徹底的に避けたりやる気のなさをアピールする態度に至るというものです。

もしあなたが上司と敵対すれば、「権力闘争」で、より上位の権力を持つ上司にやり込められるか、あるいは「復讐」を受けるだけでしょう。よしんばこうした抗争に勝利したとして、その後に残るのは、断絶された上司およびその周囲との関係性と、いたたまれず、嫌な精神状態の自分だけです。

健康的な状態を常に目指す「ずるいマネジメント」としては、こうした不毛な抗争を仕掛けるのではなく、オープンな、相互信頼的な態度を一貫して貫くことです。

前述しました通り、「同意・不同意」と「理解」は、相互に連動するものではありません。上司の意見に不同意であったとしても、その**「同意できない上司の意見を理解する」ことはできる**のです。オトナなあなたは、上司の意見や行動を、「理解」すればよいのです。そして、上司にもあなたの考えを「理解」してもらうよう働きかければよいのです。

もちろん、「同意される」ほうがよいでしょうが、同意されなくても「私は、こういう理

図表 6-2　不適切な行動の4段階のゴール

第1のゴール　注目

注目を集めるために問題を起こす

第2のゴール　権力闘争

どちらの力が上かを示す行動に出る

第3のゴール　復讐

思い通りにならないと、その分、
不適切な行動で復讐

第4のゴール　回避・無気力の誇示

かかわりを避けたり、
無気力をアピールする

由で、あなたとは違うこうした意見を持っている」ということは、淡々と、明朗に伝えればよいのです。

そもそも、「上司が自分を信頼してくれない」と言う前に、果たして、あなたは上司を信頼しているでしょうか？　案外、お互い様のことが多い、というのが、経営者と幹部の皆様のコミュニケーションを浴びるように拝見し続けてきている私から見た〝真実〟だったりします。本当に。

ＥＱ理論によれば、**「人は理屈で説得され、感情で動く」**。

正論撃破は、説得はできるかもしれませんけれども、感情面での意識・無意識の反発を必ず招きます。

感情面で、上司に対して一枚上手のオトナの付き合いができれば、あなたのほうが〝勝ち点３〟ですね。

Technique

自分の中の「悪魔（負の感情）」と、うまく付き合う

改めてですが、私たち上司も「にんげんだもの」。聖人君子でもなければ、全知全能の神でもありません。

日々のストレスの中で、様々な感情があなたの心の中を激しく駆け巡っていることでしょう。その中のいくばくかは、残念ながら、必ずしもポジティブなものではないかと思います。

「疲れた……」「面倒くさい……」「諦めたい……」「うざい……」「悔しい……」「うらやましい……」「むかつく……」などなど。

こうした負の感情は、なぜ起こるのでしょうか。

前項で述べたように、感情というのは私たちの解釈（意味づけ）であって、何かの事実を表わしているわけではありません。

雨が降っていて「鬱陶しい」のは、私たちが、雨が降っている状況に対して「鬱陶しい」という意味づけをしているだけで、雨が降っていること自体はあくまでもニュートラルな状況です。読書好きな人にとっては、雨が降っていることを「ああ、今日は外の雨を眺めながら、じっくり本を読めるぞ」とワクワクするかもしれませんし、農家の方なら「よかった、これで畑にたっぷり水を遣れる！」と感謝するでしょう。

部下の言動にイライラしたり怒りを感じたりしているのは、その部下の行動に「あなたが、何かの目的を付与している」ことの表われであって、部下の言動・行動自体に何かの感情が張りついているわけではないのです。

私たちは、怒りを感じたり不機嫌さを覚えたりしているときに、「何かの目的をを持っている」のです。部下をコントロールしたい、面倒くさい処理をサボりたい、諦めるということを選択したい、など。思い当たることがあるのではないでしょうか。

負の感情を手なづける2つの方法

もちろん、すべての負の感情を消し去ったり、処理したりすることは難しいことではあ

ります が、上司である私たちとしては、こうした〝自分の中の悪魔〟を手なづける術《すべ》は身につけておきたいところです。

1つは、その負の感情を、幽体離脱して見てみること。「おお、自分はいま、怒ってる、怒ってるぞー」「随分とイライラしてるじゃないか、俺」という感じで、**あえて外からの目線で自分のいまの感情状態を中継してみる**のです。これは結構皆さんやってみるとそう難しくなくできますので、挑戦してみてください。

もう1つは、**「私は、いま、何の目的で不機嫌でいるんだろう」**と考えてみることです。「そうか、要するに、部下をこの意見に賛同させたいんだな」「面倒くさいと逃げることで、とりあえず、この作業から遠ざかりたいんだな」などなど。こちらはなかなか難しいという人が少なくありませんが、常に自問自答することで、徐々に「自分の真の目的」を認識できるようになっていき、エゴを抑えることが容易になっていきます。できれば習慣づけしてみてください。

なお、人間は情動というものがあって、喜びであれ、怒りであれ、まず瞬間最大風速的に情緒が振れ、それが感情へと推移していきます。

情動というのは反射的なものなので、これを飼いならすことはなかなか難しいことです。一方、感情は先のような対応で充分に飼いならすことができます。

特に怒りの情動が沸き起こったときに、それが感情へと遷移するのに、6秒ほどあれば充分だそうです。よって、カッときたときは、心の中で「1、2、3、4、5、6」と、6つカウントすると、反射的に激昂したりすることを防げるそうです。

ムカッときたら、6秒カウント。ぜひ、お試しください。

Technique

感謝や承認で「勇気づけ」できる人になろう！

上司として、私たちは日々、どのような気持ちで過ごせるとよいのでしょう？

元気に、ポジティブに、溌剌《はつらつ》と。

もちろん、そんな感じがよいですが、別に外見的にエネルギーを放出しまくっていてギラギラしている必要もありませんね（昨今の若手メンバーからは、逆にウザがられるかもしれません〈苦笑〉）。

逆に、穏やかに、静かなる闘志を滔々と蓄えているなんていうのも、よいですよね。

状態や表現はどのようなものであったとしても、上司である私たちが整えたいのは、内面の健康さであり、逞《たくま》しさです。

この章で多く引用してきているアドラー心理学によれば、私たちが持ちたいのは「勇気」です。

勇気とは、ここでは、「困難を克服する活力」のことを意味します。いついかなるときでも困難を克服する活力を持つことは、建設的な人生を歩むために欠かせない力ですね。

部下が「困難を克服する活力」を持てるよう働きかけることを、アドラー心理学では「勇気づけ」と言います。勇気づけは、相手が、より強く自分を信じることができるようになることを目指します。相手を信頼し、相手の中によいものを見つけることができる人が、「勇気づけのできる人」です。

勇気づけには、「よくやった」という「評価」ではなく、「ありがとう、助かったよ」という「感謝」が大事です。

承認欲求を満たす評価がすべて悪だとはいえませんが、先にも見たように、外発的動機づけ（アメとムチ）だけでは部下の依存性を強めこそすれ、なくすことはできません。必要なのは、タテ関係の「評価」ではなく、ヨコの相互信頼関係と自立を促す**「感謝」**や**「承認」**です。

上司であるあなたの勇気づけは、部下を勇気づけるとともに、部下自身が自分自身を勇気づけする力を持つことを促します。そして部下が自分自身を勇気づける力を持つためには、組織・チーム内での貢献感を得ることが重要です。

上司と部下の建設的な関係、相互信頼に基づいて「どうやったらこの仕事はうまくいくだろうか」という軸で業務を推進しているような状況の中では、勇気づけは自然と行なわれます。

上司であるあなたが部下や周囲を勇気づけし続けることで、あなたの勇気が増し、部下や周囲の人たちもまた、その周囲の人たちの勇気づけを行なうようになります。

こうしてあなたのチームの環境は、活力があり希望に満ちあふれたものとなっていくのです。

Technique

良い息抜き、悪い息抜き

日々、仕事で勝負をしている上司の皆さんにとって、週末・祝日、あるいは平日夜というのは、重要なリストア・タイムですよね。

「ずるい上司」としては、メンバーたちが自走してくれるチームを作り、仕事をアウトソースした結果、確保できた自分の時間を、最大限うまく使ってしっかり息抜きしたいものです。

息抜きには、良い息抜きと悪い息抜きがあります。自分への「投資」になるものは良い息抜き、「浪費」になるのは悪い息抜き。この辺は多くを語る必要はないと思います。

せっかくの息抜き時間を、ただ無為にダラダラ過ごす、暴飲暴食で過ごす、ギャンブルで過ごす……。瞬間瞬間のカタルシスはあるかもしれませんが、これらに共通していえることは、後に負の遺産（ダラダラや暴飲暴食の結果の体調不良、ギャンブルの結果の借金）が残るということです。こういうことは、やめましょうね。

自分を磨く３つの投資活動

上司であるあなたの身になる「投資活動」といえば、次の３つが挙げられると思います。

① 「人と会う」「情報を得る」「足を運ぶ」活動
② 健康を保つ活動
③ 自省する活動

①は、外部の人と会う、本や映画・セミナーなど、刺激を受ける場に行く、旅をする、というような活動です。これらで直接間接に自分の知識・見識を広げ、人間としての深みや滋養を得ることに投資したいものです。

②は、なんといってもリーダーは体が資本、できる経営者・リーダーは皆さん、ジムに行かれたりマラソンやトライアスロンに挑戦されているのはご存知の通り。また、体の疲

れは、寝転がっているよりも、適度に運動することでとれるという観点からも、定期的な運動習慣はぜひ取り入れたいですね。

③もまた、リーダーにとって非常に重要な行為です。1週間のうちで数十分〜1時間でよいので、その週に起きたことを1人でじっくりと振り返り、次の週のアクションについてイメージしましょう。頭の中と気持ちを整理し、大切なことの本筋を確認し直すことで、新たな気持ちでまた次の1週間をスタートできるのです。日常、慌ただしく様々な案件をこなし、走り回っているあなただからこそ、意識して時間をとってください。

「ずるい上司」は、賢く確保したオフタイムを、消耗戦に使うのではなく、次の活力や成長のための投資に徹底的に使います。こうしてずるいマネジャーはさらに他より一歩抜きんでて、高みへ高みへと登っていくのです。

「良い縁がさらに良い縁を尋ねて発展していく様は、誠に妙《たえ》なるものがある――これを縁《えん》尋機妙《じんきみょう》という。また、いい人に交わっていると良い結果に恵まれる――これを多逢聖因《たほうしょういん》という。人間はできるだけいい機会、いい場所、いい人、いい書物に会うことを考えなければならない」、安岡正篤《やすおかまさひろ》（1898〜1983年　陽明学者・思想家）。

いい機会、いい場所、いい人、いい書物への投資。「ずるい上司」の私たちは、自分のトクのために、怠らずでいたいですね。

※本章でご紹介いたしましたアドラー心理学の理論については、岸見一郎、小倉広、岩井俊憲各氏の著書およびその他関連資料に多くを負っています。各書で重複する理論が多いため、個別の著書名は挙げませんが、いずれも良書を多く著出されていらっしゃいますので、より深くアドラー心理学を学ばれたい方は、ぜひ、3氏のご著書をお読みいただければと思います。

Technique

「習慣」こそが、私たちをとんでもない未来へ連れていく

私は人材コンサルティング事業に携わってきて、経営者やリーダーの皆様の成功・失敗を見続けてきた中で痛感し、ことあるごとに講演や取材、過去の著作でもまた自社内でも、繰り返し繰り返し言っていることがあります。

それは、次の2つです。

「一事が万事」

「人は習慣の生き物である」

どんなに気張ってみても、結局は、日頃の行動・行ないが、そのまま、仕事の局面、マネジメントの場面、事業執行においても、そのまま出ざるをえないということです。

習慣の怖いところは、悪しき習慣が身についてしまっているとすれば、それはなかなか逃れようにないことです。逆に習慣の凄さ・威力とは、よい習慣を身につけていると、そ

れは常に無意識的に再現され、私たちを勝手に素敵な結果へと連れて行ってくれることです。

自己啓発書の世界的ベストセラー『地上最強の商人』（オグ・マンディーノ著）に次のような言葉があります。

「すべての優先して、守るべき最初の法は、よい習慣を作り、みずから、その奴隷となることだ」

イチローは言いました。

「小さいことを積み重ねるのが、とんでもないところへ行くただ1つの道」

だと。

習慣は、小さなことの選択、繰り返しから養われます。小さなよい取り組みを、日々繰り返すこと。

いいひと上司が、「大きなよいこと」に「頑張って」取り組もうと粉骨砕身している横で、ずるい上司の私たちは、「気がつかないくらい、小さなよいこと」を「無理せず」繰り返していくことで、気がついたら「とんでもないところ」にいるでしょう！

努力は大事ですが、努力よりも100倍頼れる武器は、習慣です。

無理せず、いつも「ありのまま」でいて、チームが勝手に自走してくれるような自分のコンディションを、ぜひ習慣化してしまいましょう。

Chapter

7

ずるいリーダーシップとは

「日々の業務に流されたくない」リーダーのための6つのヒント

Technique

ずるい上司のリーダーシップとは

さて、ずるいマネジメントについて、「お膳立て」「原理」「具体的実践例」「困った人別使い分け」「心の環境整備」と見てまいりました。

本書のまとめとして、ずるい上司のリーダーシップと題して、「上司としてのあり方のコツ」についてご紹介し、ずるいマネジメントを完成させたいと思います。「割食う上司」にならないために、ぜひ、本章の内容もおさえてくださいね。

日本の労働生産性（就業者1人あたりの国内総生産）は、1990年にはOECD加盟国中6位だったものが、2012年には34か国中で18位まで大きく順位を下げてしまいました（日本生産性本部調査）。

国際競争力は1992年に世界1位だった栄光から一転、2014年には60か国中で21位に陥落（IMD＝国際経営開発研究所発表）しています。

私たちの事業活動、業務には、様々な指標がありますが、ずるいマネジャーとしてはやはり、「自チームの生産性」に最も注力したいところです。生産性が高い、向上し続けているチームに、会社もメンバーも、なんの文句も言いようがありません。

私たちは、時間や「努力」で給与を支払われているわけではなく、もたらした収益の額・率の高さからの分け前を得ているのですから。

労働時間でもなく、頑張っているという姿でもなく（覚悟・根性・志の「3K」は大事ですが！）、ずるい上司である私たちが最重要視するのは、生産性。ウォッチしたいのは、1人あたり売上・1人あたり利益と営業利益率です。生産性極大化に向けて、ブレず進みましょう。

Technique

「ついていきたい上司」の5つの特性

上司たるもの、やはり「○○さんについていきたいです！」と言われたいですよね。ずるいマネジメントを実行するには、ついていきたいと思われることも非常に重要なテーマとなります。

米国の社会心理学者、ロバート・B・チャルディーニは、その名著『影響力の武器 なぜ、人は動かされるのか』（誠信書房）で、相手に絶大な影響力を及ぼすための普遍的原則はたったの6つの人間心理に集約されることを紹介しています。それは、「返報性」「希少性」「権威」「一貫性」「同調性（社会的証明）」「好意」です。

これを応用したかたちで、リーダーシップの源泉を次の5つにまとめたのが、リンクアンドモチベーション社代表取締役会長の小笹芳央さんです（ちなみに、リクルート人事部時代の私の上司であり、私がリクルートに入社するきっかけとなった私の採用担当でもあります）。

小笹さんによれば、魅力的なリーダーは、

- **すごい（専門性）**
- **すてき（人的魅力）**
- **ぶれない（一貫性）**
- **ありがたい（返報性）**
- **こわい（威厳・権威）**

の5つの特性のいずれかを備え発揮しています。

この業界・職務のプロとして、おそらくあなたはマネジメント職についているでしょう。ですから、**「すごい」**＝専門性を発揮されていることと思います。

「すてき」＝人間的魅力は、曲者ですね。人は見た目が9割、といいますが、外見の印象がその人の魅力を決めていることが多いのは確かに事実です。ダンディーな部長は、一目見て仕事ができそうに見えるものです。

しかし、そうではない私たち（失礼！）にも、勝機はあります。それは、「人は接触頻度の多い相手に好意を持ちやすい」というものです。ですから、部下との会話の頻度、コミュニケーション頻度というものを侮ってはいけません。上司から声をかける、笑顔で挨拶する、といったアクションは、あなたの魅力度を増すための投資活動なのです。

「ぶれない」＝一貫性は、いわずもがな。ここまでいろいろと見てきましたが、上司であるあなたのぶれなさ度合いは、そのまま部下からの信頼と尊敬に直結します。

「ありがたい」＝返報性、は、チャルディーニの本で一気にメジャーになった理論です。人は、よくしてもらうと、恩を感じざるをえない。「与えよ、さらば与えられん」、GIVE&TAKE、ですね。借りたものは返さないと気持ちが悪い、負い目を感じ続ける、という心理の応用です。

「こわい」＝威厳、権威は、最もプリミティブなもので、トップダウン型組織や官僚型組織は、これを組織の仕組みとして機能させているところが多くあります。ただ、古今東西、強権発令は面従腹背を生みますから、中長期的な観点ではあまり望ましいものとはいえないでしょう。

一方、上司としての威厳は、いまも大切な要素です。仕事上の厳しさを発揮することは、非常に重要なことで、その威力は永続的です。「あの人の前では、いい加減なことはできないな」「嘘はつけないな」という無言の強制力は、ぜひ、ずるいマネジャーとしても発揮していきたいところです。

図表 7-1　**魅力的なリーダーの5つの特性**

1	すごい(専門性)
2	すてき(人的魅力)
3	ぶれない(一貫性)
4	ありがたい(返報性)
5	こわい(威厳・権威)

Technique

自分が安心できる場所を持つ

人は皆、「自己重要感」を満たしたい生き物。部下に対する自己重要感について、何度か見てきましたが、社長だって、上司だって、自分たちの自己重要感はもちろん満たしたい、ですよね。

ここでエゴに負けると、権力を振りかざして部下たちからの賞賛や承認の獲得に走りたくなるわけですが、そんなことをしてしまっては、これまでのお膳立てが元の木阿弥です。

ここは、ぐっとこらえて……というのも芸がない。そこで考えたいのは、自分の居場所の確保についてです。

あなたが最終人事権をお持ちの社長、もしくは役員であれば、なんの心配もありません。それをお守りに、ぜひ悠々と、部下たちに自由にやらせてあげてください。万が一、部下の誰かが、会社の方針に沿わない重篤な行為を働いたときには、どうぞ自由に、あなたのお持ちの人事権で、しかるべき処罰（減給、降格、左遷、解雇……）を下せばよいのです。

しかし、伝家の宝刀であるがゆえに、刀の抜きどころには気をつけてください。いつも人事権を振りかざしているようだと、部下たちはあなたの元から離れていくでしょう。

難しいのは、中間管理職であるあなたの場合です。部下たちに自由にやらせる「ずるいマネジメント」を実行したいものの、それで彼らが自分たちだけですべてできてしまって、自分の居場所がなくなったら困る……。そんな本音をお持ちの方もいらっしゃるかと思います。

これについては2つ、対策があります。

まず1つ目。第4章でもご紹介しましたが、**マネジャーの持つ権限と責任と、部下が持つ権限と責任には違いがあることをはっきりとさせておく**ことです。

部下が持つ権限・責任は「実行」と「報告」、上司が持つ権限・責任は「命令」と「結果」。チームという囲いの中で、メンバーは自由に走り回って構わないし、そうしてほしい。ただし、その「チームという囲い」のサイズや、その中でのルールを決めるのはあなたの役割であり、権限・責任です。

ここだけ、部下たちに勘違いさせないようにしましょう。委譲型チームを作るときに、ここがあいまいだったり、下手をすると上司自身が認識しておらずに放棄してしまっている人が結構いらっしゃいます。手綱は緩めてＯＫですが、決して手放してはいけません。

もう１つ。自分の**自己重要感を満たしてくれる場を、職場以外にキープしましょう**。家族、友人、社外のコミュニティ。会社とは別の、こうした場を常に豊かに持つことは、人生設計上もですが、仕事を思いきりやりきるためにこそ、非常に重要です。

よしんば会社でいざこざが起きているときでも、業務時間から離れれば、心安らかな家やコミュニティがいつも自分を迎えてくれる。日頃から、そんな家族やパートナー、友人、その他の仲間たちを大事にしなければなりませんね。

Technique

「ミッション、ビジョン、バリュー、ウェイ」を作っておく

ずるいマネジメントの妙は、上司であるあなたが作ったゲーム盤の上で、メンバーたちが自立して闊達《かったつ》に業務をどんどん、勝手に遂行してくれることにあります。

そのために、お伝えしてきたようなマネジメント方法を駆使して、その状況を作り上げ、メンテナンスするわけですが、ひとつ、より質の高い状況を築き上げるために、トライしてほしいことがあります。それは、

「ミッション（使命）」
「ビジョン（将来像）」
「バリュー（価値基準）」
「ウェイ（行動基準）」

を設定することです。

「ミッション（使命）」は、そもそも自社・自組織は何のために存在するのかを現わしたもので、「ビジョン（将来像）」は、将来までにどのようなことを実現したいのかを表現します。

「バリュー（価値基準）」は、そこで働く私たちはどのようなことを大切にしているのか、「ウェイ（行動基準）」は、実際に事業活動を行なうにあたり、社員たちがどのような基準で行動するのかを定義します（参考までに、当社のものをこちらからご参照いただけます。　https://www.keieisha.jp/mission.html）。

なぜ、こんなことをするのかといえば**「いちいち、そのときどきに考えたり、確認したり、決めたりするのが面倒くさい」**からです（笑）。

最初にこの4つを決めておけば、およそ事業活動を進めるにあたり、何が起きても、ここに立ち返って確認すればすみます。社長や上司がいちいち言わなくても、「ほら、うちのミッションはこうだったよな」「その行動はうちのウェイから外れてるんじゃないか」とメンバー同士でもチェック・軌道修正できます。

ぶれないチーム運営、会社運営のために、ぜひ作成にチャレンジしてみてください。

（※2）

Technique

地頭力の高い上司であれ！

常に大局を見、本質を突く上司――そんな上司でありたいと思いつつ、「難しいことは、苦手なんだよなぁ」という方も少なくないかと思います。

賢い、というと、学力的な問題に帰結し、はなから諦めてしまう人もいらっしゃいますが、大丈夫！「地頭力の高い」上司になることは、さほど難しいことではありません。

当社のパートナーでもある細谷功さんは、2007年に大ベストセラー『地頭力を鍛える』を著し、それまでなんとなく〝もともと賢い〟〝生まれつき頭がよい〟というような漠としたイメージであった地頭力を、わかりやすく定義しました。

細谷さんによれば、地頭力とは、

「結論から」「全体から」「単純に」考える力・思考する力を指します。

つまり、「地頭力」は3つの構成要素（思考力）、

・「結論から」考えるための「仮説思考力」
・「全体から」考えるための「フレームワーク思考力」
・「単純に」考えるための「抽象化思考力」

からなるのです。

どうでしょう？　「結論から考える」「全体から考える」「単純に考える」。そもそも、ものごとの本質を見極めようとしたときには、この3つの観点から考えてみればよい。できそうでしょう？

ちなみに、この「仮説思考力」「フレームワーク思考力」「抽象化思考力」の3つの思考力を支えるものとして「論理思考力」と「直感力」が、その底辺には「知的好奇心」があります。日頃から好奇心と左脳・右脳を総出動して考える癖が大事なのですね。

細谷さん曰く、地頭力とは〝離れて考える〟こと。

日々の雑務でともすると近視眼的になりがちですが、メンバーから何か相談されたときに、「おっと、待て待て」と、「結論から」「全体から」「単純に」考えてみれば、気の利い

た解決策がぱっと思い浮かぶに違いありません！

なお、地頭力について詳しく知りたい、学んでみたいという方は、『いま、すぐはじめる地頭力』（細谷功・著、だいわ文庫）がまずは入門編として読みやすくお勧めです。

Technique

ツキをマネジメントする

成功している経営者・リーダーはみな、ツキがある。運がよい。

「成功しているんだから、それはそうだろう」と言われてしまえばそれまでですが、ツキ・運というものはマネジメントできるものなのです。

この件につきましては、拙書『あたりまえだけどなかなかできない係長・主任のルール』（明日香出版社）で1章分を当ててかなり詳しくご紹介しておりますので、ご興味ある方はぜひご覧いただければと思いますが、

・ツキ・運を呼び込む行動習性を身につける
・いまのツキ・運の状態を体感・把握する

の2つについては、ぜひ、ずるい上司としては、意識し行動していただきたいと思います。

では「ツキ、運を呼び込む行動習性」とはどのようなものかというと、
・よい表情（楽しいから笑うだけでなく、笑顔を作ると楽しくなる）
・スピード感
・不要なものを捨てる
・ツキのある人と付き合う
などを意識することです。

一方、「いまのツキ、運の状態を体感・把握する」については、
・運気のサイクルを学ぶ
・自分の意識がポジティブ／ネガティブのどちらに向いているかをしっかり意識する
などがあります。

ツキ・運のよい人は、よい状態のときに、それが最も自分「らしい」ように振る舞い、よくない状態のときは、それは自分「らしくない」ように振る舞います。人は「らしい」状態に落ち着きます。斎藤一人さんの「ついてる、ついてる！」は真実なのです！

ずるい上司は、リスクマネジメントとともに、「ラックマネジメント」（ラック＝運）も怠りなくです。

Technique

「内なる声（＝ボイス）」を呼び起こす

〝三つの輪〟をご存知の方は、多いかと思います。私も新卒でリクルートに入社し、人事部門の採用セクションに配属され、最初に学んだことの1つが、〝三つの輪〟でした。「できること（CAN）」「やりたいこと（WILL）」「求められること（MUST）」の三つの輪が交わり重なる部分がより大きな職務こそ、自身が活かされる天職に近いものである、と。

自らにも問いかけ、部下を持つようになってからはメンバーにも問いかけ、そして人材ビジネスにかかわるものとして、クライアントやご相談者の皆様にも問いかけ続けてきたことです。

これを、さらに深めるものが、『7つの習慣』のスティーブン・R・コヴィー博士が提唱する「第8の習慣」における、「ボイス（内なる声）」です。

「才能（得意なことは何か？）」
「ニーズ（求められるもの）」
「情熱（私が本当にやりたいことは何か？）」
「良心（私は何をすべきか？）」

この〝四つの輪〟の交わり重なる部分に**「ボイス（内なる声）」**が存在しています。

私たちは誰もが、リーダーとして、仕事の中で、またそれ以前に、人生の中で、自らのボイスを見出したい、と切に願うものです。自分自身のボイスを発見し、その上で、メンバー個々が、それぞれのボイスを発見することを導けるとよいですね。するとそれが、私たちが活き活きと、やりがいをもって活躍するための基盤となります。

では、私たちはこのボイスをどうやって発見することができるのでしょうか。

四つの輪の一つひとつを、リーダーシップの属性に重ね合わせると、「ビジョン」「自制心」「情熱」「良心」となるとコヴィー博士は説明します。これは、「知性」「肉体」「情緒」

「精神」の4つの側面（人間の4つの側面）から導かれています。

つまり、
・知性によって、周囲が望むニーズと自分の持つ可能性を結びつけること
・ビジョンを実現するために、自分の感情や欲望をコントロールすること
・ビジョンを実現するために、内面の炎・欲求を沸き上がらせること（これは、確信に基づく力であり、自制心を維持させてくれる原動力となります）
・そして、何が正しく何が正しくないのかを知る本質的な道徳観念により、意味あるもの、貢献へと自らを駆り立てること
ということです。

これらによって、「ボイス（内なる声）」は明確化され、堅牢なものとなるのです。

結局のところ、上司である私たちの拠り所は、自らの中にある、内なる声なのです。それが自らを駆り立て、部下や関係者へと自然波及していくのです。

あなたの「ボイス（内なる声）」を、ぜひお聞かせください！（※**3**）

Final Chapter

〝本当にずるい上司〟にはなってはいけない

Technique

一見〝ずるい〟上司、本当は愛される上司

ここまで「ずるいマネジメント」の方法、「ずるい上司」としてのあり方について一緒に見てきたわけですが、さて、いかがでしたでしょうか?

明日からの皆さんのマネジメントは、今日までとは違います。〝重荷を解き放たれた〟〝使命感にあふれた〟〝ワクワクする〟ものになるでしょう。

部下や関係者を巻き込みつつも、信頼して任せることで、〝自律・自走するチーム〟が、〝やる気を持って〟〝目標達成に向けて走り続けてくれる〟はずです。

しかも自分はそのお陰で、〝より高いレベルの仕事に多くの時間を使い〟〝自身のさらなる成長も果たせる〟。そんな日々に変化していくことを確信いただけたことと思います!

上司として、どう、割りを食わずにうまくチームを回していくかについて、様々な角度

からアプローチをご紹介してきましたが、そもそもの本筋として、**「それは決して、部下たちを搾取したり虐げたりしたいわけではない」**ということが、実は最も大事な部分だといえます。

一見ズルく仕事を「振り逃げ」しているように見えても、それは部下に任せることでの成長機会の創出であったり、実績を積むチャンスの提供であったりするのですし、ズルく甘えて部下に助けてもらったりするのも、彼らの自己重要感を高めるためであったり、お互いの関係性や緊密性を高めるための施策であったり、彼らが自分で考えるアタマを養成するためであったりするわけです。

つまり、根底には部下である彼らの育成・成長・抜擢を願っての気持ちが脈々と流れており、また、形式張ったり肩肘張りすぎることのない、生身の人としての上司のあなたの姿を見せることで、親近感が生まれたり、人としての信頼を獲得できたりするのです。

そんなあなたの考えや行動は、知らず知らずのうちに、部下たちの間に浸透していくことになります。それが、早晩、「なんだ、○○さん、ほんとズルいよなぁ！」（＝「一見ずるく見えるけど、僕たち・私たちのことをちゃんと見ていて、考えてくれていて、いやらしくなくチャンスをくれたり支援をしてくれる」「○○さんに頼まれちゃうと、やらざるをえないよね。憎めないよね！」）となるのです。

「あの人は部下に振ってばかりだよね」と言われる人は、結局、出世しない

こうした気持ちや考えが根底になく、ただ、上司の権限を振りかざして「あれやれ！」「これやれ！」と仕事を振ってばかりの〝振り逃げ上司〟は、一般的に世の中に多く、現在も存在しています。

しかし、この21世紀の社会・組織において、そうした人が、中長期的にそのまま浮かばれることはありませんし、生き残ることすら難しくなっています。

昭和の時代であれば、横暴なマネジャーが、いまでいうパワハラを行なったとしても、受け手の部下たちはじっと我慢せざるをえないような時代でした。しかし、この情報化社会、オープンで流動化が進んだ社会において、そのような暴君上司の行動は社内外に筒抜けとなり（下手をすればそれがソーシャルなどで履歴化・アーカイヴ化され一生の刻印となり）、また部下たちは彼らの元に留まる必要はなく、転職機会を得て自由に去っていき

ます。

そういう意味では、私たちは、前世紀までに比べれば、とても健康的で健全な時代に生きている、とても恵まれた世代なのです（エゴで生きたい人にとっては、なんともしち面倒くさい、いづらい世の中になってしまったともいえますね（笑））。

ということで、上司たるもの、やはり明るく楽しく、公明正大にチームを率いていくのが一番です！

上司人生は、楽しい！

私たち上司の責任は、もちろん重大です。

会社から人と予算とその他諸々の活動資産を預かって、よりよき事業活動を行ない、顧客からの信頼を獲得し、提供商品・サービスの対価としての売上・利益を獲得する。

そんな「ビジネス・ゲーム」の旗振り役を任されているのですから、これが楽しくないはずがない！

もしそれが楽しくないとすれば、上司としての仕事の「やり方が間違っているか」「やり方が足らないか」、いずれか、もしくは両方が原因でしょう。

方法論は、これまでに見てきた通りですが、最後に「ずるいマネジメント」を完成させるためのポイントを2つご紹介いたします。

1　いざというときに登場できるか

任せるマネジメント、「自分が頑張らない」を頑張る。そんなアプローチを徹底的に遂行することで、チームも自分もうまくやる方法を見てきました。

しかし、任せた結果、部下が大きな失敗をすることは、やはりあると思います。状況をモニタリングしていく中で、その予兆を察知し未然に防ぐことがベストではありますが、それでも防げない事態が発生することもあるでしょう。その際の、私たち上司の態度と行動は非常に重要です。

「なんだ、何やってるんだ⁉」と怒って、「お前の責任だろう？　尻拭いは自分でやれ。俺は知らん！」なんてやってはいけません。

トラブルのレスキューは、ボスの率先垂範です。「どうした？　状況を説明してくれ」

からはじまり、その対応の陣頭指揮は上司のあなたが必ずとりましょう。よし、さて、どうしたものか?と対応方法を練り、状況を動かすことに燃える。やや不謹慎な表現ですが、そのトラブル対応をクリアすることを楽しむくらいの気持ちを持ちましょう。

2　最後の責任だけは、潔くとっているか?

Chapter7で触れた通り、部下がとる責任は「実行責任」と「報告責任」、上司がとる責任は「命令責任」と「結果責任」。

部下と上司がとる責任は、このように異なります。ここを明確に認識しましょう。

その上で「命令責任」の一部を、ときに部下に委譲するのが、ずるいマネジメントですが、どのようなことであれ、常に負う必要があるのが「結果責任」です。

上司が上司たる、最後の理由と存在価値は、「結果責任」をとれる人であることです。

チームの結果責任は、何があっても、自分が負う。

この明確な意識、気概と覚悟があるからこそ、任されたチーム、役割へのオーナーシップが生まれ、あなたの器を大きくするのです。

ここまで、いろいろと見てきましたが、要するに、私たち上司が楽しく、活き活きと、やりがいをもって働くためには、どうすればよいか。そして、私たちが、そう働くことは、間違いなく、部下も会社もハッピーにし、家族や恋人、友人にとっても楽しく生活する起爆剤となり、結果、日本の社会も元気になることへとつながっていきます。

私たちが元気に活き活きと働くことの責任は、あなたが日頃思っている以上に重大なのです。

そして、もう一度、それが上司である私たちの社会人人生を、実り多きものにしてくれるのですから、ぜひとも、戦略的に「ずるいマネジメント」を導入・活用し、メンバー個々人もチーム全体もムードアップし、エネルギーを爆発させるようリーダーシップを発揮ください！

上司人生が寂しいものには、したくないですよね！

（HOPE YOU）HAVE FUN！

あとがき

「ずるいマネジメント」というテーマをいただいた際、誤解される部分も多くあるのではないかと、当初、執筆を躊躇しました。

しかし、私の本業柄、日々、お付き合いいただいている経営者・幹部の皆様の社員・部下マネジメントに対するご苦労や努力、お悩みをお聞きしている中で、本書が果たせる役割は非常に大きなものがあると、一念発起、執筆にチャレンジすることを決意いたしました。

本書では、人材コンサルティング、エグゼクティブサーチの現場で実例から学び、体系化してきたことをご紹介するとともに、何よりも、私自身が読者である上司の皆さんと同じ立場にいる者として、本音で書くことに徹しましたが、いかがでしたでしょうか？

このテーマの持つ意味やお伝えするべき内容について、棚卸ししながら、ああでもなく、こうでもなく……、と構成に悩み続けているうちに、その構成案は5回、6回と入れ替わり、ひっくり返し、ゼロから組み立て直しとやることになりました。ここまで構成段階で悩んだ本は初めてです（しんどかった……）。

その間、私の勝手な都合に辛抱強くお付き合いくださった担当編集者の多根由希絵さんには、本当に感謝してもし尽くせない気持ちです。くしくも幹部採用市況が、若手〜中堅層の中途採用市場と同様、超加熱し続けている時期に、日々押し寄せる本業の案件群にスケジュールが埋め尽くされ、執筆時間もままならなくなり、原稿仕上げ段階で多大なお力添えもいただいてしまいました。

そんなこんな、すったもんだで本書はこうして日の目を見ることができました。本業業務でのスケジュール調整とサポートを頂いた当社企画チームの中村洋子さん・新井瞳さんにも、この場を借りて感謝を伝えたいと思います。中村・新井両名をはじめとする当社スタッフ各位、本当にありがとうございました（ほっ……）。

普遍的な内容の本ですが、本書執筆時期のマネジメント人材市況の過熱感や、ブラック企業問題などで巷間騒がれる中での上司のあり方、マネジメントのあり方についてのライブ感や生々しいところも滲み出ている1冊に仕上がっていると思います。

これは過去から現在に至るまで、その時々にご縁をいただきました経営者・経営幹部の皆様から学ばせていただきましたことに多くを負っております。一人ひとりのお名前を挙げ尽くすことは到底できませんが、ご面識をいただいております皆様に心から御礼申し上げます。

血の通った、従来のマネジメント関連書籍とは少し異なる、一風変わったこの本が、日々、奮闘努力されていらっしゃる上司・リーダーの皆様へのエールと、具体的な手立てのご提供の一助となりましたら、著者としてこれ以上に嬉しいことはありません。

私は引き続き、当社事業活動を通じて当社メンバーたちとともに、本テーマに関しての研究・研鑽と検証、発信を続けてまいります。

読者の皆様の読後のご感想は、異論反論も、共鳴共感も、いずれも多くあろうかと想像しております。ぜひ、最後に添えましたアドレスまでお寄せいただけましたら幸いです。

この本をお読みいただいた上司・リーダー諸氏の実践成果からもぜひ学ばせていただきたく、読者の皆様のご感想やご意見を心よりお待ちしております。

宛先：info@keieisha.jp

2015年3月

株式会社 経営者JP 代表取締役社長・CEO 井上 和幸

この本の中にでてきた内容について、
実践的にやってみたいという方は、下記、アクセスください

※1　EQ検査受験について

「自宅でWEBで、あなたのEQ力が明らかに!
EQ（心の知能指数）活用ソリューション」
https://www.keieisha.jp/consulting/eq/

※2　具体的な戦略の策定について

実践経営講座「経営者ブートキャンプ」
https://www.keieisha.jp/kbc/

※3　内なる声について

『第8の習慣　「効果」から「偉大」へ』
（スティーブン・R・コヴィー 著、キングベアー出版）
DVD「影響力を発揮するリーダーの原則　The Empowerment」
https://www.keieisha.jp/dvd_empowerment/

株式会社 経営者JP　事業内容

https://www.keieisha.jp

エグゼクティブサーチ事業

経営幹部層（社長・取締役、CEO・COO・CFO等の経営執行責任者、事業部門責任者、部長職位者、課長職位者）の人材紹介（エグゼクティブサーチ、ヘッドハンティング）

コンサルティング事業

経営体制強化支援、役員・幹部研修、組織・人材・人事コンサルティング、社外取締役・顧問等の派遣、エグゼクティブコーチング

セミナー事業

経営者・リーダー向けセミナー、講座の主催・運営

会員事業

経営者・リーダー対象の会員組織の主催・運営、会員向けコンテンツ販売

井上和幸（いのうえ かずゆき）

株式会社 経営者JP　代表取締役社長・CEO
1989年早稲田大学政治経済学部卒業後、株式会社リクルート入社。人事部門、広報室、新規事業立ち上げを経て、2000年に人材コンサルティング会社に転職、取締役就任。2004年より株式会社リクルート・エックス（2006年に社名変更、現・リクルートエグゼクティブエージェント）。エグゼクティブコンサルタント、事業企画室長を経て、マネージングディレクターに就任。

2010年2月に株式会社 経営者JPを設立（2010年4月創業）、代表取締役社長・CEOに就任。多くの経営者の人材・組織戦略顧問を務める。企業の経営人材採用支援・転職支援、経営組織コンサルティング、経営人材育成プログラムを提供。

クライアント企業・個人の個々の状況を的確に捉えたスピーディなコンサルティングに定評がある。自ら8000名超の経営者・経営幹部と対面してきた実績・実体験に基づき、実例・実践例から導き出された公式を、論理的にわかりやすく伝え、幅広い業種・規模のクライアントから好評を得ている。

著書に著書に『社長になる人の条件』（日本実業出版社）、『あたりまえだけどなかなかできない 係長・主任のルール』(明日香出版社)など。各種メディア出演多数。


頑張《がんば》らなくても、すごい成果《せいか》がついてくる！

ずるいマネジメント

2015年4月27日　初版第1刷発行

著　者　井上和幸
発行者　小川　淳
発行所　SBクリエイティブ株式会社
〒106-0032 東京都港区六本木2-4-5
電話 03(5549)1201(営業部)

装　丁　西垂水敦(tobufune)
本文DTP　森田祥子、大槻ゆき(TYPEFACE)
編集担当　多根由希絵
印刷・製本　中央精版印刷株式会社

落丁本、乱丁本は小社営業部にてお取り替えいたします。

定価は、カバーに記載されております。

本書に関するご質問は、小社学芸書籍編集部まで書面にてお願いいたします。


ISBN978-4-7973-8146-7